Digitale Revolution

Wie wirst du ein Gewinner der radikalen Veränderung?
Was wird der nächste Trend in der Produktion, Handel und Beruf?
22 Experten aus Forschung, Industrie und Handel geben Antworten

Dietmar Hölscher Hg.

Co-Autoren

Dr. Kai Hudetz, Mario Herger, PhD, Jasmin Leona Krieger,
Andreas Reuter, Dr. Anna Weber und Dr. Jan Weischer,
Martin Groß-Albenhausen, Jens H. Plath, Erik Meierhoff,
Michael Lüken, Björn Jensen, Sebastian Bluhm,
Timo Weltner und Roland Fesenmayr

dietmar-hoelscher.com

ASIN eBook:	B08RZH12YD
ISBN Taschenbuch:	*9798749451528*
ISBN Gebundene Ausgabe	*9798749102420*

Widmung

Dieses Buch widme ich all denen, die mit den Herausforderungen der radikalen und extrem schnellen Digitalisierung Orientierung und Ideen suchen.

Danksagung

Ich möchte mich herzlich bei allen Co-Autoren, Interviewpartnern und Unterstützern für ihre Geduld und ihren Einsatz bedanken. Gerade jetzt in dieser aufreibenden und spannenden Zeit haben sich die Experten und Kämpfer an der vordersten Digitalfront die Zeit genommen, um ihr Wissen mit uns zu teilen. Dies verdient Respekt und Anerkennung.

Inhaltsverzeichnis

Vorwort

Dr. Kai Hudetz

Im August 1991 veröffentlichte Tim Berners-Lee das Protokoll seines Projekts World Wide Web und löste damit eine Veränderung aus, die in kurzer Zeit weltweit nahezu alle Lebensbereiche verändern sollte: die "digitale Revolution". Seither wurden unzählige Werke über den E-Commerce geschrieben, zunächst eher visionäre, dann zunehmend analytische, methodische und deskriptive. Dabei wurde selten mit Buzzwords und kreativen Wortschöpfungen rund um das Thema Digitalisierung und online gegeizt, nicht immer waren die Inhalte genauso innovativ wie der Titel.

Mit dem heutigen ECC KÖLN haben wir 1999 unsere erste Studie "Internet im Handel und in ausgewählten Dienstleistungsbereichen" veröffentlicht. Ein Drittel der befragten Einzelhändler hatte damals noch nicht einmal eine Mailadresse, von einer Website oder einem Online-Shop ganz zu schweigen. Im Jahr 2002 untersuchten wir - erstmalig in Deutschland - das Multi-Channel-Verhalten der Konsumenten. Unzählige Studien folgten, nicht nur zu Multi-Channel, Cross-Channel oder Omni-Channel, sondern zu nahezu allen Aspekten des E-Commerce. Immer filigraner wurden die Ansätze, immer spezifischer die Themen. Digitale Beiträge, von Blogs über Newsletter bis hin zu White Papers ersetzten auch und gerade beim Thema E-Commerce vielfach das gedruckte Wort.

Insofern kann die Frage mit Fug und Recht gestellt werden: Wozu noch ein weiteres Buch zur digitalen Revolution? Ist nicht dazu schon alles geschrieben und gesagt? Wir sprechen ja wahrlich nicht über eine neue Entwicklung. Google wurde 1998 gegründet, eBay 1995, Amazon gar schon 1994. Bereits 1999 wurde Alibaba aus der Taufe gehoben, für uns lange unbemerkt und auch Zalando und About You sind längst keine Start-ups mehr, sondern zwölf bzw. sechs Jahre alte Unternehmen, die Milliardenumsätze erwirtschaften. Die Liste liesse sich auch außerhalb des Handels mit Uber, Airbnb oder HRS beliebig fortsetzen.

Braucht man wirklich ein weiteres Buch über die digitale Revolution, obwohl die Entwicklungen vielfach nicht neu sind und doch schon so viele Bücher rund um dieses Thema veröffentlicht wurden? Die schlichte Antwort lautet: ja! Zwei Faktoren sind dafür ursächlich: Komplexität und Dynamik. Beide zusammen sorgen dafür, dass auch in Zukunft weitere Bücher notwendig sein werden, um die digitale Revolution mit all ihren Auswirkungen zu analysieren und zu beschreiben.

In dem Ausmaß, in dem die digitale Revolution immer mehr Lebensbereiche, immer mehr Unternehmen erfasst hat, nahm die Komplexität zwangsläufig zu. Dies führte ebenso zwangsläufig dazu, dass selbst ausgewiesene Experten nur noch Teilbereiche der Thematik abdecken können. Dem tragen Herausgeberwerke wie das vorliegende Buch Rechnung, indem sie die Gesamtthematik zwar strukturieren, das Detailwissen jedoch durch auf die Thematik spezialisierte Autoren vermittelt werden. Gelingt dies, so wird damit sowohl eine neue Informationsbreite als auch -tiefe erlangt.

Nun könnte man argumentieren, dass doch die jeweiligen Detailthemen in aller Regel ebenfalls bereits ausführlich analysiert und dokumentiert wurden. Hier schlägt nach der Komplexität der zweite entscheidende Faktor, die Dynamik der digitalen Entwicklungen zu. Die Wucht von exponentiellen Entwicklungen ist hinlänglich beschrieben worden, sie führt auch dazu, dass Fachwissen eine kürzere Halbwertszeit aufweist denn je. Aktuelle Beiträge führen daher auch bei bereits ausführlich analysierten Untersuchungsgegenständen zu neuen Erkenntnissen, da sie den bisherigen Kenntnisstand angesichts jüngster Entwicklungen auf den Prüfstand stellen.

Dietmar Hölscher nutzt im vorliegenden Werk seine umfassenden Erfahrungen als Digitalisierungsexperte, um die digitale Revolution anwendungsorientiert zu zerlegen. Sein fundiertes Wissen und seine langjährigen Erfahrungen ermöglichen es ihm, die richtigen Themen mit den richtigen Autor:innen zu besetzen.

Ein gutes Herausgeberwerk ist wie ein gutes Mosaik: Aus der Ferne erkennt man klare Strukturen, Muster und Linien, aus der Nähe betrachtet werden Details sichtbar. In diesem Sinne ist Dietmar Hölscher gemeinsam mit den Autoren ein sehr gutes Werk gelungen. Die großen Linien, das "Big Picture" ist klar erkennbar, die Themen sind klar abgegrenzt, greifen aber auch ineinander über. Die Beiträge sind fundiert und zugleich handlungsorientiert.

Das Werk richtet sich an "Macher" und Entscheider, die die digitale Revolution aktiv begleiten und die sich ergebenden Chancen nutzen wollen, ohne aktionistisch zu agieren. Diesen Machern bietet es zahlreiche konkrete Impulse. Ich wünsche den Lesern viel Erfolg bei der Umsetzung der generierten Ideen und dem Buch die verdiente hohe Beachtung.

Köln, im April 2021

Dr. Kai Hudetz

Einführung

Dietmar Hölscher

Ich hatte die Idee zu diesem Buch bereits im Herbst 2019. Damals lautete der Arbeitstitel noch: „Das Modell des Einzelhandels und Omni-Channel hat sich überlebt.“ Während der Recherchearbeiten und der ersten Kapitel sah ich dann die Vorboten des ersten Lockdowns. Irgendwann im Frühjahr waren auf einmal Maleranzüge und Staubschutzmasken ausverkauft. In einigen Händler-Foren wurde darüber gescherzt, das Waren, die ewig wie Steine im Lager lagen, auf einmal nicht mehr verfügbar waren.

Ich hatte zu dieser Zeit aufgrund meines Hobbys, dem Heimwerken, einige normale und auch FFP2-Masken auf Lager. Vor der Pandemie konnte man diese ja noch für wenige Cent kaufen.

Während dieser wirren Tage habe ich mein Buchprojekt ein wenig aus den Augen verloren. Ich musste in meiner Firma vieles umorganisieren, während dieser Anfänge des Lockdowns gingen dann Desinfektionsmittel und Toilettenpapier zur Neige und auf einmal kostete 1 Liter Desinfektionsmittel wie z. B. das Sterillium bis zu 90,00 statt 2,95 Euro. Und kurze Zeit darauf wurden die meisten Geschäfte ganz geschlossen.

Auch während dieser Zeit musste ich mein Team auf das Homeoffice vorbereiten. Nein, vorbereiten ist nicht der richtige Ausdruck dafür. Ich stand vor der Situation und musste diese meistern. Zu der Zeit hatte ich selbst tatsächlich schon einige Jahre Homeoffice Erfahrung. Ich war also geübt darin, mein Team aus der Ferne erfolgreich zu führen. Jetzt war aber auch das Team remote.

Hier half auch ein Zufall, Thomas Gottheil ein Weggefährte und Pionier der Remote first Companys (CEO und Co.-Founder der Frontastic GmbH), hatte sich mit mir schon öfter zu dem Thema ausgetauscht und einige seiner Co.-Founder hatten schon zu meiner Zeit im Management bei der shopware AG mit mir gemeinsam für die shopware AG in einem Remote Team gearbeitet.

Auch vorher durfte ich in Projekten mit Amazon, eBay, PayPal oder ePages die Remote-Arbeit aus den verschiedensten Perspektiven erlernen und betrachten.

Ich war also nicht ganz so unvorbereitet wie die meisten von uns. Schnell haben wir damals ein paar Regeln eingeführt. Z. B. Kamera an, zwei Teammeetings a 15 Minuten am Tag. Beim ersten Teammeeting teilte jeder seinen Monitorinhalt und erzählte dazu, was er gerade machte und welche Herausforderungen oder Erfolge er hatte. Wir hatten digitale Brown-Bag-Meetings[1] und alle mussten die Kamera einschalten, wenn wir ein Microsoft Teams oder Zoom Meeting hatten.

Das war sicherlich nicht alles, aber einige der Schlüsselelemente zum Erfolg. Denn was war passiert? Die durchschnittliche Produktivität der Mitarbeiter stieg um bis zu 25 %. Das kann man geschäftlich als Erfolg betrachten, wenn man die äußeren Umstände einmal außer Acht lässt. Auch hier hatte ich es zugegebenermaßen einfacher als andere, da ich damals in einer internationalen Kölner eCommerce Agentur als CTO durchaus schon fast alle Abläufe digitalisiert hatte.

[1] Ein Brown-Bag-Meeting ist ein informelles Treffen während der Mittagszeit. Die Grundidee dabei ist, in einer lockeren Atmosphäre einen Vortrag oder Referat zu halten. Der Begriff „Brown-Bag“ stammt aus den USA, wo Mitarbeiter häufig Ihr Mittagessen in einer braunen Tüte mit ins Unternehmen bringen.

Im Sommer 2020 wurde mir nach all den hemdsärmeligen Aktionen in Wirtschaft und Politik etwas immer bewusster. Ich in meiner kleinen Blase zwar gut vorangekommen und war auskömmlich beschäftigt. Mein eigentliches Ziel darauf aufmerksam zu machen, das die Innenstädte, der Handel, der Großhandel und auch die Produktion in Deutschland zu einem großen Teil nicht zukunftsfähig sind und waren, hatte sich rasant überholt.

Ja, es gibt noch heute Politiker, Berater, Verbände und Unternehmer, die diese toten Geschäftsmodelle retten wollen und das zulasten derer, die bereits erfolgreich digitalisiert haben. Das muss angeprangert werden. Wie z. B. die wiederholte und sinnlose Rettung von Karstadt. Was war aber in diesem Jahr geschehen? Eine „Digitale Revolution", die sich bereits seit Jahren angekündigt hatte legte quasi einen Turbo-Zwischenspurt ein.

Corona war sozusagen der Fluxkompensator[2] der Digitalisierung.

Das Leben hat sich in quasi allen Bereichen verändert: Einkaufen, Freizeitaktivitäten, Tourismus, Sport, Schule, Handel einfach alles.

Ein Prozess, der normalerweise 10-20 Jahre in vielen Bereichen gebraucht hätte wurde um den Faktor 10-20 beschleunigt.

Wir hatten schon so einige Revolutionen in den letzten Jahrhunderten.

Begonnen hatte alles um 1750. Damals wurde mithilfe der Dampfmaschine in dreifacher Hinsicht vieles verändert. Zum einen wurden die Menschen von den zuvor vorherrschenden, oft ortsgebundenen Energien wie Windkraft, Wasserkraft unabhängig

---

[2] Ein Fluxkompensator ist ein Gerät, das sich Emmet L. Brown in der Filmreihe ZURÜCK IN DIE ZUKUNFT (1985-1990) als Antrieb für sein Auto ausgedacht hatte, um damit in der Zeit zu reisen.

und zum anderen von der Kraft der Menschen und Tiere.

Damals profitierte die Kohleförderung enorm von dieser Veränderung. Ein prägendes Beispiel dieser Zeit war z. B. die Erfindung des ersten dampfbetriebenen Webstuhles im Jahr 1784. Die Maschinen ermöglichten eine wesentliche Verbesserung der Arbeitskraft gegenüber herkömmlichen Handwerksbetrieben. Allerdings waren der Betrieb und die Anschaffung dieser Maschinen mit sehr hohen Summen, die ein einfacher Handwerker nicht aufbringen konnte, verbunden. In dieser Zeit entwickelte man sich weiter weg vom Eigentümer, der seine eigenen Waren vertrieb, hin zu einem Arbeiter, der seine Arbeitskraft verkaufte. Die Unabhängigkeit bei der Preisfindung und der Arbeitszeit ging damals mit verloren.

Damals reduzierte sich das klassische Handwerk und die Landwirtschaft, dafür entstanden neue Fabrikbesitzer und Fabrikarbeiter. Die Zeit der großen Hungersnöte war vorbei und man konnte besser planen, dies wiederum führte zu einer Bevölkerungsexplosion. Es gab aber auch Kinderarbeit und die Fabrikarbeiter hatten aufgrund vieler unguter Nebenumstände eine sehr geringe Lebenserwartung.

Gut ein Jahrhundert später gab es durch die Einführung arbeitsteiliger Massenproduktion mithilfe elektrischer Energie zur zweiten Industriellen Revolution. In diesem Zusammenhang wird häufig auf die Einführung der Fließbänder in den Schlachthöfen von Cincinnati verwiesen. Dazu kam elektrische Beleuchtung, Kommunikation über das Telefon. Auf einmal wurde die Massenproduktion noch viel einfacher als je zuvor. Es bestand auf einmal ein Überangebot am Arbeitsmarkt. Zudem reichte für die Arbeit am Fließband ein geringes Qualitätsniveau aus. Die Folge daraus waren niedrige Löhne. Damals wurde auch nicht auf die Arbeiter als wichtiges Gut geachtet, sondern nur auf die maximale

Produktivität optimiert.

Erst zum Ende dieser Revolution hin wurde der Gesellschaft klar, dass man Fabrikarbeiter nicht weiter ausbeuten wolle. Zu dieser Zeit wuchs auch die Bedeutung der Gewerkschaften.

Die dritte industrielle Revolution fand ungefähr zu der Zeit meiner Geburt in den 70er-Jahren ihren Anfang. Kennzeichnend für diese Zeit war die sukzessive (Teil-) Automatisierung von Arbeitsschritten durch Roboter und Computer. Menschliche Arbeit wurde zunehmend durch Maschinen in der Reihenfertigung ersetzt.

All diese Revolutionen waren ein Tiefschlag mitten in die Gesellschaft. Wir hatten jedoch vor der Pandemie eine so geringe Arbeitslosenzahl wie schon lange nicht mehr und der Wohlstand war auch auf einem Höchstniveau. Auf der anderen Seite ging es uns auch menschlich und sozial so gut wie noch nie. Das hat allerdings ein paar schmerzhafte Jahre gedauert. Das war ein harter und langwieriger Prozess.

Vor einigen Jahren etablierte sich dann der Begriff Industrie 4.0[3]*, damals eine Bezeichnung für ein Zukunftsprojekt zur umfassenden Digitalisierung der industriellen Produktion. Der Begriff geht zurück auf die Forschungsunion der deutschen Bundesregierung.*

Die Idee, eine Revolution künstlich und von der Bundesregierung heraus anzuzetteln, fand ich schon damals zweifelhaft. Wo doch wie so häufig die Lobbyisten den Weg ebnen sollten und nicht der Verstand, der Markt oder die Wissenschaft. Wie konnten wir uns sonst für Elektromobilität anstatt Wasserstoff entscheiden? Um aber gleich jede Diskussion im Keim zu ersticken: Auch ich weiß nicht fundiert, ob die Schadstoffe der Batterien wirklich so

[3] Die Forschungsunion eigentlich Forschungsunion Wirtschaft - Forschung war ein Beratungsgremium der deutschen Bundesregierung welches von 2006-2013 existiere.

schädlich sind und der Wasserstoff wirklich so sauber und ungefährlich. Es wäre nur gut, wenn dies der Markt regeln würde und wir alle modernen und sauberen Lösungen fördern würden und uns nicht nur auf „eine" Technologie stürzen würden.

Nun aber zurück zu den Fakten. Die vierte industrielle Revolution ist in der Entstehung und in einigen Bereichen auch schon weit fortgeschritten. Es wären ohne Corona jedoch wohl wieder 20 Jahre vergangen, bis diese in der breiten Gesellschaft angekommen wäre. Dank des Fluxkompensators ist diese Zeit jedoch um ein Drittel gekürzt worden.

Warum spreche ich aber bewusst nicht über die 4. Industrielle Revolution, sondern rein über die „Digitale Revolution". Anders als die letzten drei Revolutionen, die ausgehend durch die Industrialisierung vorangetrieben wurden und sich dann bis in das Private auswirken, ist es dieses Mal anders.

Ja, auch dieses Mal wird die Industrie und der Arbeitsmarkt komplett auf den Kopf gestellt. Dies ist jedoch nur eine logische Fortführung der vorherigen Industriellen Revolutionen.

Vorhersehbar und berechenbar. Zum Teil sogar geplant. Auch wenn es geplant war, hat die Politik damals wie heute nicht gewusst, was das bedeuten würde. Zumindest hat man nicht vorausschauend reagiert. Man bedenke 2006 sprach man schon von der Digitalisierung in der Industrie 4.0, 2013 war das für unsere Kanzlerin jedoch noch Neuland[4].

Genau zu dieser Zeit hatte ich noch politische Träume und war im lokalen Kreistag im Ausschuss für Schule, Kultur und Sport unter anderem für die Berufsschulen zuständig. Was habe ich mir da schon

---

[4] Merkels „Neuland" wird zur Lachnummer im Netz.
https://www.tagesspiegel.de/politik/die-kanzlerin-und-das-internet-merkels-neuland-wird-zur-lachnummer-im-netz/8375974.html

zum Thema Digitalisierung und zukünftige Anforderungen im Beruf den Mund fusselig geredet! Zu einer Zeit, als die Mehrheitsfraktion tatsächlich neue Führungskräfte in den Berufsschulen einstellte, die keinerlei digitale Vorkenntnisse besaßen und dies vor allem auch nicht für notwendig erachteten.

Dieses Mal geht es aber um mehr. Es geht um eine Revolution in fast allen Bereichen unseres Lebens.

Es gibt offensichtliche Änderungen wie z. B. Handel, Schule und Freizeit. Es gibt aber auch weniger offensichtliche und gravierende Änderungen wie z. B. die Berechnung einer Überlebenswahrscheinlichkeit an der Berliner Charité. Wenn nur eine OP gleichzeitig erfolgen kann, wer hat eine größere Überlebenschance Patient A oder B? Früher entschied der Arzt mit Erfahrung und Verstand, heute zum Teil schon die KI. Lassen wir mal die moralischen Konflikte hier außen vor. Hat Patient A in seiner Gesundheitskarte alle Untersuchungen schön gespeichert und die ein oder andere Vorerkrankung dokumentiert und Patient B hat diese und andere schwere Erkrankungen einfach verschleppt und daher keinen Eintrag in der digitalen Gesundheitsakte. Oder auch bei anderen Neuerungen wie der Unfall- und Kollisionsberechnung in autonomen Fahrzeugen, die entscheiden werden, ob der Insasse stirbt oder die Familie auf dem Zebrastreifen. Wie entscheidet die KI? Wie hätte ein Chefarzt vor 10 Jahren entschieden? Was wäre die richtige Entscheidung?

Ich will und kann das hier nicht auflösen. Es zeigt aber, dass an diesem realen Beispiel[5] die wahnsinnige Komplexität der Digitalisierung ersichtlich wird.

Die Währungen ändern sich, die Art der Kommunikation, die Möglichkeiten jedes Einzelnen gegenüber der Industrie, das

[5] 2018 Ideen für die Medizin von Morgen die schon heute teilweise zur Realität geworden sind: https://www.gq-magazin.de/auto-technik/article/sechs-ideen-fuer-die-medizin-von-morgen

Schulsystem einfach alles und das rasend schnell.

Wir befinden uns in einer Aufbruchsstimmung in der Entrepreneure[6] *eine Chance zum Durchstarten haben, die so aussichtsreich wie nie zuvor ist. Und damit auch die Chance einzelner, sich dauerhaft und nachhaltig gegen die Industrie, Ketten oder andere marktbeherrschende Unternehmen durchzusetzen.*

Die Digitalisierung birgt eine unendliche Vielzahl von Möglichkeiten, seine Umgebung, Arbeit, Freizeit und Unternehmen zu gestalten.

Und ja, die „Digitale Revolution" bedeutet auch das viele vor dem Bankrott stehen, heute nicht weiterwissen und dringend unsere Solidarität und Hilfe benötigen. Allerdings möchte ich mich hier ausdrücklich von solchen destruktiven und kurzsichtigen Aussagen wie die des Mainzer OB Michael Ebling[7] *distanzieren. Er fordert, wie die IG Metall in den 70ern schon eine Roboter Steuer forderte, eine Steuer auf den eCommerce als Strafe für diejenigen, die den Zeichen der Zeit rechtzeitig gefolgt sind.*

Es gäbe hier viele Möglichkeiten, es sei nur einmal die faire Besteuerung aller Digitalriesen in Europa angesprochen. Ich gehe davon aus, dass allein die faire Versteuerung der Gewinne von Amazon in Deutschland ein Vielfaches an Einnahmen einbringen würde. Der eCommerce ist schon genug durch die marktbeherrschenden Unternehmen wie Amazon, Google oder Facebook gestraft. Aber auch hier kann ich nicht die Lösung aufzeigen.

Ich wusste lange Zeit nicht, wie ich mein schon begonnenes Buch weiterschreiben sollte, dieser kleine Ausschnitt rein auf den

---

[6] Enterpreneur ist aus dem französischen abgeleitet und bedeutet soviel wie Unternehmer.

[7] https://www.t-online.de/region/mainz/news/id_89076058/mainz-ob-michael-ebling-schlaegt-steuer-auf-online-handel-vor.html

eCommerce bezogen war genauso falsch wie die Industrie 4.0 durchs Dorf zu treiben.

Ich musste einen ganzheitlichen Ansatz finden und vor allem musste dieser fundiert sein. Bei einigen Themen bin ich sicherlich ein Experte, jedoch gibt es so viele unterschiedliche Themen, die kann ein einzelner unmöglich alleine bewältigen. Und ein kleiner Ausschnitt aus unserem Universum reicht nicht mehr, um die möglichen und notwendigen Veränderungen für jeden von uns richtig zu beeinflussen, da sich alles gegenseitig und gleichzeitig beeinflusst. Kinder können auf einmal nicht mehr in den Schulen betreut werden. Gewerbeimmobilien stehen komplett leer, ein Restaurantbesuch ist nicht mehr dasselbe und Fortschritte, wie das Same-Day-Delivery wird, während ich dieses Kapitel schreibe, gerade wieder zurückgerollt.

Ich habe zu dieser Zeit im Sommer 2020 die Agentur gewechselt. Ich arbeite seitdem für eine Agentur aus Stuttgart, natürlich remote aus dem schönen Münsterland, wo ich in einem herrlichen alten Forsthaus wohnen darf. Einer der Beweggründe war, dass ich in dieser Agentur die Kunden ganzheitlicher betreuen kann. Hier werden nicht nur einfache eCommerce Konzepte umgesetzt, hier wird die Digitalisierung gemeinsam mit dem Kunden gelebt und erarbeitet. Meine Überzeugung, dass der eCommerce tot ist und der dCommerce, (das d steht für digital) auf dem Vormarsch ist, hatte ich ja schon vor 2 Jahren, als ich meinen Blog in dcommerce.blog[8] umbenannte, zum Ausdruck gebracht.

eCommerce beschreibt den reinen Handel von Waren oder Dienstleistungen, wobei dCommerce ganze Prozesse hin bis zur On-Demand-Fertigung beschreibt. Ich habe also meine Energie in viele einzelne Kundenprojekte gesteckt, weil ich hier mit den richtigen Tools zumindest den ersten und manchmal auch den

[8] https://dcommerce.blog/

zweiten Grad der Auswirkungen meiner Beratungen gut beurteilen konnte. Dieses Feld war und ist noch zu erkunden und mit Mühe auch zu begreifen. Allgemein funktioniert dies aber allein aufgrund der schieren Anzahl an Faktoren, die jede Entscheidung begleiten und jeden Erfolg immer unberechenbarer gestalten, einfach nicht.

Im Herbst 2020 stieß ich dann jedoch eher per Zufall auf Mario Herger, PhD, aus dem schönen Silicon Valley. Der gebürtige Wiener ist Zukunftsforscher im Valley und Autor von Büchern wie „Das Silicon Valley Mindset" oder dem „Foresight Mindset[9]". Letzteres Buch befasste sich genau mit meinem Problem. Wie ist es wissenschaftlich fundiert möglich, in die Zukunft zu planen und was wird wohl passieren? Er fasst in seinem Buch umfassend die vielen wissenschaftlichen Möglichkeiten zusammen, wie Zukunftsforscher und erfolgreiche Unternehmen aus dem Silicon Valley heute vorgehen. Und stellt damit die Grundlagen für die Beantwortung der beiden Hauptfragen des Buches: Wie wirst du ein Gewinner der radikalen Veränderung? Und was wird der nächste Trend in der Produktion, Handel und Beruf?

Mithilfe einiger dieser Methoden konnte ich die schon vor Jahren von mir entwickelte CLUB Methode [10] (mehr dazu im Kapitel CLUB Methode) zu der CLUB Methode future+ weiterentwickeln.

Mit der CLUB Methode future+ war es mir nun möglich, noch mehr Innovationen zu entwickeln und noch besser die Auswirkungen von Entscheidungen auf die Zukunft in ein Verhältnis zu setzen.

Mario arbeitet unter anderem mit einer Methode, die unter dem Begriff „Long Nose Innovation [11]" oder die Kenntnis der baldigen

---

[9] Foresight Mindset, von Mario Herger, PhD Amazon: https://amzn.to/3bN1qKM

[10] https://firestarter.business/c-l-u-b/

[11] https://experiencinginformation.com/2008/01/08/bill-buxton-the-long-nose-of-innovation/

Marktreife bekannt ist, die diesen Bausteinen verschiedener Fachbereiche mögliche realistische Szenarien unserer digitalen Zukunft vorhersagen zu können.

Mit diesen Bausteinen kann also jeder die nahe Zukunft planen und sich danach ausrichten. Dies wird Mario im nächsten Kapitel jedoch selbst erklären.

Durch die Idee, Experten aus verschiedenen Bereichen selbst über ihre fundierten Erkenntnisse berichten zu lassen und diese dann als einzelne Bausteine wieder mit meinen zusammenzufügen, um ein möglich objektives und umfassendes Bild entstehen zu lassen, stand dann die neue Grundidee zu diesem Buch.

Ich war davon überzeugt, in meiner langen beruflichen Karriere ein gutes Netzwerk an Experten der verschiedensten Richtungen geknüpft zu haben. Dieses Netzwerk stellte ich mit meiner Bitte an die handverlesenen Experten auf die Probe, als ich einzelne von ihnen fragte, ob sie nicht an diesem Buch mitwirken wollen und ihr Fachwissen in Bausteinen mit uns teilen wollen. Und das in einer Zeit, wo in der Digitalisierungsbranche eine echte Aufbruchsstimmung vorherrscht.

Ich durchforstete mein Netzwerk, um eine möglichst hochkarätige und ausgewogene Gast-Autorenschaft zusammenzustellen.

Und tatsächlich, bis auf ganz wenige Gastautoren sagten alle anderen Wunschkandidaten zu.

An dieser Stelle sei den Gastautoren noch mal mein ganzer Dank ausgesprochen, ich weiß, welche zeitlichen Opfer ihr dafür erbracht habt. Dafür liegt den Lesern nun ein Werk vor, das nicht durch einen einzelnen geprägt ist, sondern einen wunderbaren Querschnitt durch die verschiedenen Branchen und Ansichten der führenden Digital-Experten.

„Digitalisierung war gestern und ist nur noch Mittel zum Zweck, nicht die Lösung."

Dietmar Hölscher

Die Zukunft verrät sich in Bausteinen

MARIO HERGER, PHD

Was bei alten Science-Fiction-Romanen und Fernsehserien dem modernen Menschen sofort auffällt, ist die Abwesenheit von Smartphones. Das erstaunt, denn vieles wurde korrekt vorhergesagt. Die Raumfahrt, Hochgeschwindigkeitszüge, Über-schallflugzeuge, selbstfahrende Autos und Roboter, aber nie ein Smartphone. Zwar gab es bei Raumschiff Enterprise den Kommunikator, der später als Klapphandy Popularität gewinnen sollte, aber eben nicht das Smartphone. Und hier stellt sich die Frage, wie das von den Science-Fiction-Autoren übersehen werden konnte und ob sie zu wenig Fantasie gehabt hätten?

Dazu müssen wir verstehen, wie Foresight – also die strategische Vorhersage von Zukünften – in der Praxis funktioniert und für welchen Zeitraum. Im Foresight betrachten Zukunftsforscher Signale und Trends in verschiedenen Sektoren der Wirtschaft, Wissenschaft und Gesellschaft und versuchen zu verstehen, welche davon wichtige Signale, und welche Trends langanhaltend oder nur vorübergehend sein könnten.

Legt man den Fokus dabei auf die potenziellen Technologieneuerungen in den nächsten fünf bis zehn Jahren, dann hilft ein Blick auf die heute schon vorhandenen Bausteine. Wie Legobausteine können diese beliebig zusammengesetzt werden. Je mehr Bausteinvarianten mir bereitstehen, desto mehr Variationen kann ich erstellen. Jede neue Variation fließt dabei in den Pool der Bausteine hinzu, die Anzahl steigt somit kontinuierlich. Mit jedem neuen Baustein kommt es auch zu neuen Erkenntnissen, wie sie verwendet werden können und wo eventuelle Lücken und damit neue Forschungsrichtungen liegen könnten. Bausteine sind nicht nur physische Objekte wie ein chemisches Element, ein Baumaterial, eine Kamera, ein neuer Klebstoff oder Elektrizität, sondern auch Konzepte, Ideen oder Prozesse.

Spätestens 2006 wurde es beispielsweise klar, dass alle Technologien und Geschäftsmodelle vorlagen, die Smartphones ermöglichten. Es gab Touchscreens, Betriebssysteme, Apps und App-Stores, Kameras in Telefonen, GPS, Batterien, Handynetzwerke und WLAN sowie Anwendungen, die nur darauf warteten, auf mobilen Geräten eingesetzt zu werden. Google Maps, YouTube, MP3-Player oder E-Mails.

Wenn diese Bausteine vorhanden sind, kommt früher oder später jemand auf die nahe liegende Idee, diese in einer Weise zu kombinieren, die zu einem interessanten Durchbruch führen. Es ist nur eine Frage der Zeit, bis es jemand macht. Das Benachbarte wird möglich, und so wird es auch genannt: das „benachbarte Mögliche". So wie man von einem Raum durch den anderen schreitet – und nicht Räume überspringen kann – werden vorhandene Bausteine kombinierbar.

Bereits 1922 stellten zwei Forscher der Columbia Universität eine Liste an 140 Erfindungen und Entdeckungen zusammen, bei denen die Erfinder unabhängig voneinander und ohne voneinander zu wissen, in unterschiedlichen Ländern oder sogar auf unterschiedlichen Kontinenten dieselbe Erfindung oder Entdeckung innerhalb einer kurzen Periode gemacht hatten[12]*.*

Am selben Tag im Jahr 1876 an dem Alexander Graham Bell ein

---

[12] William F. Ogburn, Dorothy Thomas; Are Inventions Inevitable? A Note on Social Evolution; Political Science Quarterly Vol. 37, No. 1 (March 1922), pp. 83-98

Patent für das Telefon einreichte, reichte ein anderer dasselbe Patent ein paar Stunden später ein – im selben Patentbüro.

1745 und 1746 erfanden sowohl Ewald Georg von Kleist und Pieter van Musschenbroek die elektrische Batterie. Josef Ressel, John Ericsson, Francis Pettit Smith, David Bushnell und Robert Fulton erfanden unabhängig voneinander und in innerhalb einer kurzen Zeitspanne den Propeller.

Wie kann es sein, dass diese Leute auf dieselbe Idee zur selben Zeit kommen? Tatsächlich sollte die Frage anders lauten: Warum haben nicht mehr Leute dieselbe Idee? Eine Idee kommt ja nicht aus dem Blauen. Ein technologischer Durchbruch oder eine Erfindung ‚liegen in der Luft.' Und das hat mit den zugrundeliegenden Bausteinen und dem Konzept, welches wir das ‚benachbarte Mögliche' nennen, zu tun.

Tatsächlich hatten die 2006 dominanten Hersteller wie RIM mit dem Blackberry oder Nokia bereits erste Kombinationen geschaffen, die ihnen auch einen Wettbewerbsvorteil brachten. RIM mit dem Blackberry Smartphone war synonym für E-Mail am Handy. Andere setzten voll auf die Möglichkeit, dass damit auch Musik gehört werden konnte. Obwohl alle diese Möglichkeiten sahen, war es ein Außenseiter wie Apple, der die Zukunft definierte und mit dem iPhone gleich mehrere Industrien veränderte und andere erst ermöglichte.

Technologiebausteine alleine reichen aber nicht. Der gewählte Zeitpunkt muss auch auf Menschen treffen, die darauf vorbereitet sind. Man kann das so formulieren, dass die Menschen sich erst der Probleme bewusst werden müssen, die vorhergehende Technologien ihnen gebracht haben. Anfänglich überwältigt eine neue Technologie die Menschen mit ihren Möglichkeiten. Sie muss in ihrem Potenzial zuerst verstanden werden, bis später ihre echten Limitationen klar werden. Und das wiederum öffnet die Tür für neue Technologien. Kommt eine neue Technologie, bevor den Menschen die Limitationen der alten klar geworden sind, wird die neue Technologie keine Akzeptanz finden.

Es gab nämlich schon Jahre vorher mindestens zwei prominente und gutfinanzierte Versuche, ein Smartphone-ähnliches Gerät zu entwickeln. Dem Apple Newton Anfang der 1990er-Jahre fehlte noch die Mobiltelefonfunktionalität, aber er kam vielen der heutigen Smartphone-Funktionalitäten schon sehr nahe. Zur selben Zeit entwarf General Magic ein mobiles Gerät, das heutigen Smartphones in so vielen Funktionen ähnelt, dass es beinahe schon erschreckt.

Abbildung 1: Quelle: Screenshot General Magic; Magic Cap OS

Wir hätten das viel früher haben können. Insofern ist die Vorhersage des amerikanischen Science-Fiction-Autors David Gerrold in der Kolumne vom 20. Dezember 1999 in der Fachzeitschrift Smart Reseller zu diesem Zeitpunkt bereits wenig überraschend gewesen. Mit dem von ihm so benannten PITA – Personal Information Telecommunications Agent – hatte er ein Handy, einen Taschenrechner, ein Aufnahmegerät, einen Music-Player, einen Farbfernseher und einen Kalender in seiner Hosentasche. Das Ding sollte nicht größer sein als Päckchen Spielkarten. Auch sagte er damals schon voraus, dass darauf vermutlich eine Spracherkennungssoftware laufen würden, man damit auch ein gutes Restaurant in der Nähe finden und gleich auch das Taxi damit bestellen werden kann. Er konnte das bereits vorhersagen, weil ihm nicht nur diese Unternehmen und ihre Versuche geläufig waren, sondern weil die Bausteine schon deutlich sichtbar vorlagen.

Doch warum scheiterten diese Unternehmen und Produkte damals, nur um seit 2007 zum Siegeszug angetreten zu haben? Der Designer und Informatiker Bill Buxton, der bei Microsoft Research leitender Wissenschaftler ist, wies darauf hin, dass sich jede technologische Innovation bereits lange vor ihrem Durchbruch ankündigt. Sie existiert bereits mindestens 15 Jahre, bevor sie sichtbar wird und braucht dann weitere fünf Jahre, bis sie ihre Wirkungen entfalten wird. Er nennt das die ‚Lange Nase der Innovation' (‚Long Nose of Innovation') in Anlehnung an Chris Anderson ‚Long Tail'[13].

Während Andersons ‚langer Schwanz' die Fähigkeit von einem Online-Händler wie Amazon beschreibt, nicht nur die Bestseller vorrätig zu halten, wie es bei physischen Läden der Fall ist, sondern auch den langen Schwanz an Produkten, die nur wenige Stück verkaufen, zusammengenommen aber trotzdem eine gewaltige Summe ergeben, so ist die lange Nase die Vorlaufzeit einer Technologie, bis sie den Durchbruch schafft.

---

[13] Bill Buxton: The Long Nose of Innovation; Business Week 2. Januar 2008 http://www.businessweek.com/stories/2008-01-02/the-long-nose-of-innovationbusinessweek-business-news-stock-market-and-financial-advice

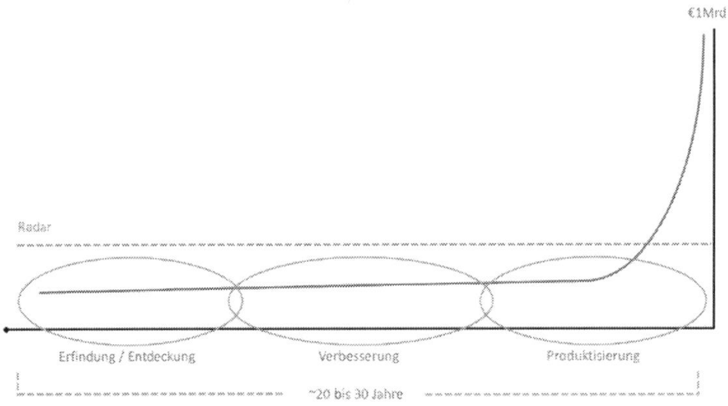

General Magic hatte Anfang 1990 versucht, ein Smartphone zu bauen, scheiterte aber letztendlich daran, weil die Technologie noch nicht ausgereift genug und vor allem die Menschen noch nicht bereit dafür waren. Siebzehn Jahre später sollte das anders sein. Die ernsthafte Entwicklung autonomer Autos begann mit dem DARPA Grand Challenge 2004. Fast genau 15 Jahre später spricht jeder davon, und in 5 Jahren sollten die ersten Produktionsfahrzeuge auf den Straßen rollen. Künstliche Intelligenz erlebte mit dem Sieg von IBMs ‚Deep Blue' gegen Schachweltmeister Garry Kasparow 1997 seinen Durchbruch. 20 Jahre später ist KI auf jedem Smartphone.

Selbst der Sputnik-Schock und die darauffolgende Reaktion der Amerikaner, ein eigenes Raumfahrtprogramm auf die Beine zu stellen, passt in diese 20- bis 30-jährige Periode. Sputnik wurde 1957 in den Orbit geschossen, und 1969, nur 12 Jahre später, landeten Menschen auf dem Mond. Mit der Annahme, dass die Amerikaner bereits vorher rudimentäre Weltraumtechnologieforschung betrieben haben - nicht zuletzt dank der Arbeit des deutschen Raketenforschers Wernher von Braun - dann trifft die Long Nose auch hier wieder zu.

Die Computermaus ist ein weiteres Beispiel. Sie wurde Mitte der 1960er-Jahre von William Englisch und Doug Engelbart entwickelt und vorgestellt, dann von Xerox PARC adaptiert, und wurde ab 1984 mit dem Macintosh Computer von Apple als Standardeingabegerät ausgeliefert und somit einem breiteren Publikum bekannt.

Mit den Aussagen der Long Nose fällt es auch leichter abzuschätzen, ob eine Technologie noch zu früh da ist und sie zum jetzigen Zeitpunkt eher nicht zum Durchbruch kommen wird. Die Blockchain, deren zugrundeliegende Technologie 2008 herauskam, fällt mir da als Beispiel ein.

Allerdings ist die Long Nose keine physikalische Formel mit Universalgültigkeit. Sie basiert auf Beobachtungen ohne wissenschaftliche Untermauerung. Sie kann aber dabei helfen, bessere Abschätzungen zu treffen. Dazu muss man aber Signale, Trends, die vorliegenden Bausteine und andere kleinere und größere Änderungen und Wechselwirkungen erkennen.

Was könnten somit Science-Fiction-Autoren heute vorhersagen? Sie würden sehr rasch wie ihre Kollegen aus der Vergangenheit das Smartphone wieder abschaffen und nichts davon in ihren Romanen und Serien einbauen, weil es sich schon heute abzeichnet, dass Smartphones in weniger als ein oder zwei Jahrzehnten durch fortgeschrittenere Technologien ersetzt werden, die direkt am oder gleich im Körper getragen. Statt dem PITA haben wir das PITI - das Personal Information Technology Implant.

Mut und Aufgeschlossenheit – die Bausteine für eine erfolgreiche Zukunft

Dietmar Hölscher

Ich habe es selbst mehrfach erlebt: Es braucht Mut, um den vorbestimmten Weg zu verlassen. Nicht das mein vorbestimmter Weg ein schlechter Weg gewesen wäre, aber ich wäre nicht da, wo ich heute stehe und es wäre ein Traum geblieben.

Als Kind prägten mich Captain Kirk, Captain Future, Doc Brown und natürlich Star Wars. Später waren es Unternehmer wie Bill Gates, Steve Jobs oder auch ganz persönlich der wohl eher unbekanntere Michael Dürr14, der eine der ersten kleinen AGs in Deutschland gründete.

Heute wäre es wohl Elon Musk, der wahrhaftige Tony Stark15 der realen Welt. Allesamt glaubten an ihren Traum und bekamen am Anfang ordentlichen Gegenwind.

Ich glaube daher fest daran, dass es heute wichtiger ist als je zuvor, seine Augen und Ohren immer und überall offen zu haben. Die Welt ist so komplex geworden, dass immer mehr Menschen Fakten einfach als Geschwätz abtun und dies oft nur, weil Sie es nicht verstehen oder nur von außen betrachten. Um aber die Welt von morgen zu verstehen, muss man diese auch erleben wollen. Wie kann ich diese verstehen, wenn ich Snapchat, Clubhouse, Twitch oder TikTok nicht kenne? Sie kennen diese Formate nicht? Die Mutlosen werden sagen:

[14] https://amzn.to/3b4cL7U

[15] https://en.wikipedia.org/wiki/Tony_Stark_(Marvel_Cinematic_Universe)

Clubhouse war nur ein Strohfeuer und das andere Zeug wird sich nicht durchsetzen. Sicher haben diese auch keine Teenager daheim, für diese ist nämlich Facebook nur was für alte Menschen und von gestern.

Ich plädiere daher dafür, sich diesen neuen Technologien zu öffnen, auch wenn das ein oder andere scheitern wird, es zeigt die Zukunft unserer Gesellschaft. Egal ob man es mag oder nicht. Wer im Beruf als Händler oder Hersteller egal in welcher Branche Erfolg haben möchte, sollte diese Strömungen kennen. Denn wer Erfolg haben möchte, muss sich sein eigenes Bild der Zukunft ausmalen können. Dabei ist es egal, ob es um die eigene Zukunft oder die des Unternehmens geht.

Und ja, da kann einem schon einmal die Fantasie durchgehen und Mitmenschen und Mitstreiter werden einen für einen Deppen halten. Dennoch liegt genau hier die Chance. Ich gebe hier immer eines meiner Lieblingszitate zum Besten: „Everybody's Darling is everybody's Depp." FJS[16].

Meine Bausteine:

Mut

Aufgeschlossenheit

---

[16] FJS: Franz Josef Strauß war ein deutscher Politiker der CSU, deren Vorsitzender er von 1961 bis zu seinem Tod war. Strauß gehörte der Bundesregierung als Bundesminister für besondere Aufgaben, Bundesminister für Atomfragen, Bundesminister der Verteidigung und Bundesminister der Finanzen an.

Produktion
Wie sich die Produktion von Gütern verändert

Dietmar Hölscher

An einigen Beispielen aus der Produktion möchte ich Risiken und Möglichkeiten aufzeigen, wie sich Entwicklungen radikal und schnell vollziehen können. Ich gliedere dabei die verschiedenen Stufen vereinfacht in 4 Stufen, die ich im Folgenden erläutere.

Stufe 1

Beginnen wir mit dem Buchdruck und Verlagswesen. Kindle Direct Publishing oder kurz KDP, ein OnDemand Verlag von Amazon, hat die Welt der Verlage vor wenigen Jahren aus den Angeln gehoben. War es bis dahin undenkbar, in die Spiegel Bestseller Listen ohne einen renommierten Verlag zu gelangen, so ist dies doch heute kaum noch ein Problem, guten Content natürlich vorausgesetzt. Viele Jahre haben sich Publizisten, Herausgeber und Verlage einfach auf dem, was sie hatten, ausgeruht. Sie haben ihren Status damit verteidigt, dass Sie dafür Sorge tragen, das nur hochwertiger Content das Licht der Welt erblickt. Allzu oft waren diese sehr subjektiven Wahrnehmungen allerdings aus verschiedenen Gründen fehlgeleitet. So fanden viele gute Manuskripte gar nicht erst den Weg *in die Buchhandlungen.*

Jetzt ist es als Autor jedoch ganz einfach: Ich lade mein Manuskript bei Amazon KDP hoch und lasse die Community direkt über den Erfolg entscheiden. Auf einmal dreht sich der Markt, radikal und schnell. 2015 hat ein Arbeitskollege von mir unter dem Alter Ego „Wilhelm J. Krefting" angefangen Dunkle Krimis[17] *mit großem Erfolg zu veröffentlichen. Der damalige Marketingmitarbeiter und Arbeitskollege einer Softwarefirma aus dem Münsterland hätte bei herkömmlichen Verlagen einen sehr schwereren Stand gehabt. Nun ist er seit Jahren ein gefeierter Bestseller Autor, der inzwischen nicht mehr ausschließlich selbst verlegt, sondern bei einem namhaften Verlag unter Vertrag steht.*

Hier hat die Digitalisierung den Verlag, den Buchdruck und gleich das Buchgeschäft innerhalb weniger Jahre komplett auf den Kopf gestellt. Dies stellt jedoch nur den Beginn der Digitalisierung in der Produktion dar.

Stufe 2

Lange Zeit war es notwendig, große Mengen im Voraus zu bestellen. Es war normal, 5.000 Stück eines Produktes zu fertigen, da Fertigungs- und Logistikkosten sich sonst nicht hätten rechnen können. Da dieser Umstand überall auf der Welt gleich war, verlagerte sich die Produktion dorthin, wo man möglichst günstig Produzieren konnte, denn der Kostenvorteil glich die nur geringe längere Lieferzeit problemlos aus.

Die Nachteile dieser Art der Produktion liegen allerdings auf der Hand:

- *Das Absatzrisiko vergrößert sich.*
- *Die Zeit, um auf neue Herausforderungen oder Trends reagieren zu können, ist viel zu lang für die heutige Zeit.*
- *Da alles immer und überall verfügbar sein muss, sind die langen Vorlaufzeiten nicht mehr zeitgemäß.*

---

[17] https://amzn.to/2SiDCGT

- *Überproduktionen werden vernichtet oder zu Dumpingpreisen verkauft.*
- *Es wird unnötig viel Geld für lange Zeit im Lager gebunden und unterliegt daher einer extrem starken Inflation. Im Modehandel sind 70-90 % Inflation innerhalb eines Jahres keine Seltenheit.*
- *U.v.m.*

Heute gibt es jedoch schon in vielen Branchen Antworten auf diese Problemstellungen. Auf solche Probleme hat sich z. B. das Unternehmen Lectra[18] für die Branchen Mode, Automobil und Möbel spezialisiert. Ziehen wir beispielhaft einmal ein Beispiel aus der Modeindustrie heran: „Wir brauchen 50 Blusen statt 5.000". Lectra will die Prozesse in der Modeproduktion auf ein neues Niveau heben. Statt weiter darauf zu hoffen, mit immer mehr Massenware und hohen Abschlägen den Konsumenten zum Kauf zu bewegen, sucht der Technologieanbieter aus Frankreich nach intelligenteren Lösungen, Angebot und Nachfrage wieder näher zusammen zu bringen. Holger Max-Lang von Lectra Deutschland hatte dazu schon 2019 gesagt: "Um die richtige Ware in der richtigen Menge auf den Markt zu bringen, gilt es, die Prozesse zu verändern. Der Produktlebenszyklus von Kleidungsstücken muss neu definiert werden. Mit On-Demand Produktion kann nachfrageorientiert – den Kundenwünschen entsprechend – und in Kleinserien produziert werden. Denn der Markt verlangt kleine Mengen, die in kurzer Zeit lieferbar sind, also beispielsweise 50 Blusen alle zwei Wochen anstatt 5.000 Blusen auf einen Schlag. Somit können marktrelevante Entwicklungen und Kundenwünsche zeitnah berücksichtigt werden."

Diese Entwicklung könnte hohe Rabatte zukünftig verhindern, zudem ist so eine Produktion ressourcen- und damit umweltschonend.

[18] https://www.lectra.com/de/uber-uns/lectra-kennenlernen

In der Vergangenheit war die Technik hier allerdings noch nicht so weit. Doch heute sind 3D Virtual Prototyping und PLM, Product Lifecycle Management (PLM) schon vereinzelnd Realität. Ein PLM in einer digitalen Wertschöpfungskette vernetzt alle Abteilungen eines Bekleidungsherstellers, vereinfacht die Kommunikation und beschleunigt sowohl die Entwicklung als auch die Fertigung von Produkten. Das ermöglicht es Modeunternehmen, schnell auf Trends zu reagieren. Zudem werden die Hersteller agiler und können individuelle Produkte anbieten, indem sie etwa einen Teil des Designs vom Kunden mitbestimmen lassen.

Auch technische Hürden wie der automatisierte Zuschnitt wurden in den vergangenen Monaten bereits gemeistert. Stellen Sie sich einmal nur auf der Basis bereits bestehender Technologien vor, was sich daraus entwickeln könnte. Kombinieren Sie diese Technologie einmal mit der Lidar-Sensor Technologie[19] aus dem aktuellen iPhone und dem 10 Minuten Lieferdienst von GORILLAS[20]. Und schon sind Sie in der Zukunft der Modebranche der kommenden Jahre angekommen.

Sie sehen, wie einfach es ist, mit dem nötigen Fachwissen dieses einfach zu kombinieren. Sie sehen, wie einfach es ist, dieses mit dem nötigen Fachwissen einfach zu kombinieren. Natürlich sind hier noch Fragen offen, doch Aussichten wie immer passende und maßgeschneiderte Klamotten zu bezahlbaren Preisen ganz individuell für mich, das übt schon einen Reiz aus. Wenn Sie im Besitz eines iPhone 12 oder neuer sind, dann sollten Sie unbedingt den LIDAR-Sensor mal ausprobieren. Messen Sie z. B. einmal die Größe eines

[19] https://www.macwelt.de/news/Lidar-Sensor-im-iPhone-12-Pro-Was-das-ist-und-wofuer-10899937.html LiDAR ist ein Akronym und steht für „Light Detection and Ranging“ also etwa „Lichterkennung und Raumvermessung“. Dabei kommt anders als etwa beim Radar Laserlicht zum Einsatz, weshalb die Technik auch als Ladar bekannt ist, „Laser Detection and Ranging“.

[20] https://gorillas.io/de

Menschen mit der App Maßband[21] . Die Genauigkeit und Einfachheit wird Sie überraschen.

Stufe 3

Auf Stufe 1 haben wir gesehen, wie einfach es ist, ein fixes Produkt auf Abruf herzustellen, in Stufe 2, wie wir so ein Produkt einfach individualisieren können. In Stufe 3 geht es noch einen Schritt weiter. Es geht um das komplette On-Demand Manufacturing einzigartiger Produkte. Es gibt ja schon seit Jahren immer mehr Unternehmen, die sich auf den 3D-Druck spezialisiert haben. Individuelle Kleinserien sind vom Heimwerkermarkt schon gar nicht mehr wegzudenken. Ich selbst habe gerade von einem kleinen On-Demand Fertiger, Mopemaster Woodworking[22], einen Frästischeinsatz zur Erweiterung der Funktionen meiner Bosch Oberfräse gekauft. Für Bosch selbst sind anscheinend so individuelle Kleinserien momentan noch nicht rentabel. Mir hat dieses kleine Unternehmen aber ein echtes Problem gelöst und mir viel Geld gespart.

Verlassen wir aber einmal den Consumer-Markt und tauchen tief in die B2B-Metallfertigung ein. Befassen wir uns mit dem Metall-Laserschmelzen[23]. Denn On-Demand Manufacturing oder Just-In-time-Produktion – also Bauteile nur bei Bedarf und genau zum passenden Zeitpunkt herzustellen und zu liefern, ist nicht erst seit Corona gefragt.

Bei On-Demand Manufacturing erfolgt die Herstellung eines Bauteils genau zu dem Zeitpunkt, an dem es benötigt wird. Um die Bestellung direkt auslösen zu können, muss der Bauteilpreis in Echtzeit bestimmt werden können. Damit rücken die Produktentwicklung und der Einkauf näher an die Fertigung heran und verschmelzen nahezu.

---

[21] https://support.apple.com/de-de/guide/iphone/iphd8ac2cfea/ios
[22] https://mopemaster.com/
[23] https://kreatize.com/de/on-demand-manufacturing/

Metall-Laserschmelzen – klingt kompliziert, ist aber leicht erklärt: Es steht für ein spezielles 3D-Druckverfahren. Dabei wird ein Metallpulver schichtweise aufgetragen, aufgeschmolzen, bis das fertige Modell entsteht. Im Detail wird im Fertigungsraum das Metallpulver automatisch verteilt, von einem Laser aufgeschmolzen und beim Abkühlen ausgehärtet. Das Ganze geschieht unter Schutzgas und computergesteuert aus einem CAD-Modell heraus.

Und das schon heute fast so genau und widerstandsfähig wie bei der viel aufwendigeren alten CNC-Fertigung.

Ein Ingenieur kann so heute ein Bauteil am Tablett in 3D konstruieren, sich live den Fertigungspreis berechnen lassen und das fertige Teil schon nach wenigen Stunden in den Händen halten. Diese Technologie wird Teile der Fertigung aus China wieder nach Europa holen und bietet unzählige Chancen, den Markt komplett neu zu ordnen.

Stufe 4

In der vierten Stufe virtualisieren wir die Fertigung noch weiter. Bezog sich die dritte Stufe noch auf einen spezifischen Hersteller abstrahiert und virtualisiert diese Stufe den Prozess evolutionär weiter. Der nächste logische Schritt ist die Cloud-Factory-Plattform. Denn für die Qualität ist nicht mehr in erster Linie der Betreiber zuständig, sondern das Fertigungsverfahren bzw. der Hersteller der On-Demand Fertigungsmaschinen. Es ist also dann egal, wer es fertigt. Das verändert die Welt noch einmal radikaler. War es doch jahrelang so, dass man Fertigung zentralisiert hat, würde hiermit die Dezentralisierung auf ein nie dagewesenes Niveau heben.

Ganz nebenbei würde dies auch andere ganz akute Problem aus 2021 lösen: Die Verstopfung des Suezkanales, AHA-Regeln in der Fertigung, Strafzölle gegen China.

Schauen Sie sich als Beispiel Amazon an. Amazon trägt sich im Wesentlichen durch viele namenlose Lieferanten. Wissen Sie als Kunde auf der Amazon Plattform immer von wem Sie die Ware bekommen, wer das Geschäft abwickelt oder ist es nicht gefühlt Amazon, von dem Sie kaufen? Amazon beherrscht mit einem Marktanteil von über 50 % den Onlinehandel in weiten Teilen Europas. Ein Plattformanbieter für On-Demand-Cloudfertigung wird hier ebenfalls den Markt in wenigen Jahren beherrschen können. Wir sprechen ja von der Zukunft aber nehmen wir noch einmal zwei ganz Unterschiedliche bespiele aus dem jetzt und hier, um das Bild noch ein wenig realistischer aufzuzeichnen. Kreatize[24] stellt mit seiner Manufacturing Cloud schon heute eine überregionale Bestellung und Fertigung, die Suche nach der freien Fertigungskapazität verläuft voll automatisiert. Innerhalb weniger Minuten erfolgt die Zuordnung des Auftrags auf eine freie und geeignete Metall-Laserschmelz-Anlage.

Aber auch Alibaba hat dieses Konzept für sich erkannt und setzt mit seiner Xunxi[25] – New Manufactoring – Fabrik dieses bereits erfolgreich um.

Doch wie virtuell kann das Ganze heute noch werden? Für dieses Projekt habe ich mir das heute virtualisierteste Fertigungsverfahren in der Cloud genauer angesehen und tatsächlich für einige Tage eine Produktionsstätte betrieben und tatsächlich echtes Geld verdient.

Dazu hole ich ein wenig aus, da nicht alle Leser sich in diesem Metier auskennen werden. Es geht um Kryptowährung. Die wohl bekannteste Kryptowährung stellt wohl Bitcoin dar. 1 Bitcoin

[24] https://kreatize.com/de/on-demand-manufacturing/
[25] https://www.youtube.com/watch?v=sHjOax0ugMg

entspricht heute am 04. Mai 2021 einen Wert von 47.834,56 EUR da. Vor genau fünf Jahren waren es noch 406,10 EUR. Es handelt sich um virtuelles Geld. Nullen und Einsen in einem komplexen Algorithmus aneinandergereiht. Geht es noch virtueller? Wir schaffen also einen echten Wert aus dem Aneinanderreihen von Nullen und Einsen. Dieses Aneinanderreihen nennt man Mining und stellt den sehr rechenintensiven Herstellungsprozess eines Bitcoins dar. Jeder kann mit einer leistungsstarken Grafikkarte dazu beitragen, so einen Bitcoin zu minen oder zu schöpfen, wie der Volksmund sagt. Ich möchte hier gar nicht auf die wirklich komplexen Zusammenhänge und Rahmenparameter eingehen. Dazu gibt es ja bereits zu genüge fundierte Literatur. Aber im Zusammenhang mit diesem Kapitel gibt es doch eine wunderbare Analogie. Gemeint ist Nicehash[26]. Nicehash ist eine Plattform, auf der ich die Rechenkapazität meines Computers, genauer meiner Grafikkarte, anderen zur Verfügung stelle, damit sie damit Ethereum, die zweitbekannteste Kryptowährung nach Bitcoin, schöpfen können.

Bezahlt werde ich damit in Bitcoin, die ich dann in Euro tauschen kann.

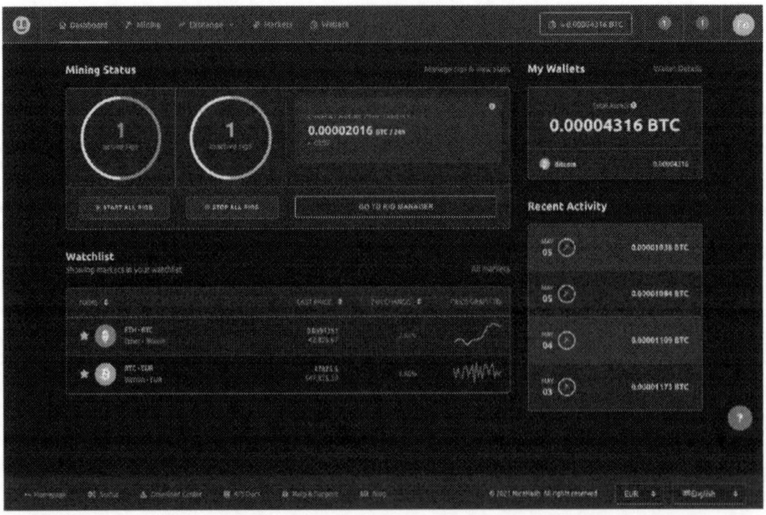

[26] https://www.nicehash.com/

Das Ganze habe ich innerhalb einer halben Stunde auf meinem vorhandenen alten Rechner aufgesetzt. Abzüglich der Stromkosten habe ich so innerhalb von 24 Stunden ca. 2 Euro vor Steuern verdient. Und das alles ohne einen Invest und praktisch im Schlaf. Mit dem richtigen Set-up und Hardware verdienen viele Jugendliche so bereits bis zu 120 Euro am Tag. Dazu braucht man aber schon 6 Grafikkarten der neusten Nvidia[27] Generation. Und genau da ist der Haken, diese Grafikkarten mit einem UVP um die 400 Euro gibt es momentan einfach nicht zu kaufen und wenn, dann zu Mondpreisen, die locker beim dreifachen liegen. Und dann muss man schon recht lange minen, um das Geld wieder hereinzubekommen.

Abstrahieren wir das einmal auf einen einfachen Nenner: Ich produziere mit meinem eigenen Produktionswerkzeug, anonym für eine Plattform und ohne den Kunden zu kennen, ein werthaltiges Produkt und verdiene damit kalkulierbares Geld.

Ersetzten Sie Produktionswerkzeug durch Schneidermaschine, Foodprozessor oder Metall-Laserschmelzer und schon bekommen Sie ein Bild von einer völlig dezentralen Produktionswelt, die so gar nichts mehr mit unseren jetzigen Marktmechanismen zu tun hat. Bedenken Sie, die Technologie ist bereits vorhanden und im Einsatz, es ist also nur noch eine Frage der Zeit.

Meine Bausteine

Hoch individuelle On Demand Fertigung, die am selben Tag geliefert wird. Durch eine Kombination Apples Lidar-Sensor, der Lectra Produktions Innovationen und dem on Demand Lieferdienst GORILLAS der garantiert innerhalb von 10 Minuten liefert.

Auf immer und ewig verfügbare Ersatzteile die on Demand gefertigt werden.

---

[27] https://amzn.to/3h2Ngrs

Endlich keine Mondpreise mehr für die Ersatzteile meines Yongtimers.

Eine 3D Lasermetallschmelzanlage in meiner Garage

Ich könnte in Rente gehen und müsste nur noch hin und wieder mein Geld gut anlegen. Und Porsche würde in meiner Garage individuelle Schaltkäufe herstellen.

Ich wünsche mir die Modewelt, wie sie mir gefällt: nachhaltig!

Jasmin Leona Krieger

In der Modebranche heißt es Trends kommen alle 20 Jahre wieder, ob auch der Werbeslogan „Geiz ist geil", der im Jahr 2002 viele Konsumenten hinter dem Ofen hervorgelockt hat ein Comeback haben wird, ist hingegen fraglich. Im Jahr 2021 gelten neue Regeln, denn seit die Industrialisierung vom Informationszeitalter abgelöst wurde, ist vieles ganz anders als früher und leider nicht alles besser, das mal vorweg. Der Werbeslogan lässt erahnen was sich Ende der 90er und in den 2000er etabliert hat, durch Globalisierung und der Auslagerung von Produktionsstätten in Niedriglohnländer konnten Produkte so günstig werden das wir Menschen in der westlichen Welt einen Überfluss erleben der seines Gleichen sucht. Es hat sich eine Wegwerfgesellschaft entwickelt, die es so zuvor nie gegeben hat. Kleidung ist plötzlich so günstig das die Jeans nicht mehr geflickt wird, sondern einfach eine Neue gekauft wird. Technologie wird bewusst zurückgehalten, um auch im folgenden Jahr wieder Neuerungen präsentieren zu können und Umsätze zu steigern. Menschen werden ausgebeutet und nicht fair für Ihre Arbeit entlohnt.

In der Konsumgüterindustrie gilt die Textilbranche als einer der größten Umweltverschmutzer mit einer jährlichen Produktion von ca. 1,7 Milliarden Tonnen CO_2[28], auf Grund der Wasserverschwendung und -verschmutzung, der Gifte die durch das Färben mit den Chemikalien entstehen, die Überproduktion und dem weltweiten Versand.

Die Branche wird sich langsam Ihrer Verantwortung bewusst und so haben zumindest einige wenige Unternehmen begonnen Ihrer sozialen Verantwortung nachzugehen und entwickeln Konzepte für ein nachhaltigeres Wirtschaften mit unseren Ressourcen.

Capgemini hat in einer Umfrage mit 750 Unternehmen aus Deutschland, den USA, UK, den Niederlanden, Schweden und Indien, die Bedeutung von Nachhaltigkeit für die Produktion/den Vertrieb von Konsumgütern weltweit abgefragt. Wie man der Grafik entnehmen kann gibt es noch großes Potential die Nachhaltigkeitsbestrebungen vollkommener in die Geschäftsziele der Unternehmen zu integrieren, da dies im Mittel erst zu 66 % erfolgt ist. Das Nachhaltigkeit für die eigene Industrie aber sehr wichtig ist, bestätigen mit durchschnittlich 90 % sowohl das „Fast moving consumer goods“ (FMCG) Segment, als auch Hersteller und Einzelhändler.

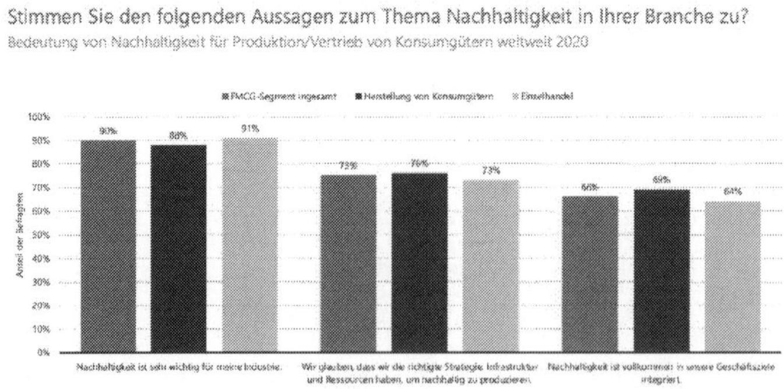

Abbildung 2: Hinweis(e): Weltweit; April bis Mai 2020; 750 Befragte Quelle(n):

---

[28] https://www.wwf.ch/de/unsere-ziele/wwf-rating-der-bekleidungs-und-textilindustrie#:~:text=Die%20Textilindustrie%20belastet%20die%20Umwelt%20stark&text=Und%20dies%2C%20obwohl%20diese%20Branche,rezyklierte%20oder%20nachhaltig%20produzierte%20Rohstoffe.

Capgemini; ID 1132284 Quelle: https://de.statista.com/statistik/daten/studie/113228

Bewegungen wie „Fridays for Future“, bei denen freitags, während der Schulzeit, regelmäßig demonstriert wurde, um auf die Missstände der Umweltpolitik aufmerksam zu machen, konnten weltweit Millionen von Schüler:innen und Studenten:innen als Anhänger:innen gewinnen. Ursprünglich startete den Protest 2018 die damals 15-jährige Greta Thunberg aus Schweden, da sie die schwedische Regierung an ihre Pflicht erinnern wollte, dem Pariser Klimaabkommen gerecht zu werden. Die wachsende Zahl der Unterstützer hat medial für großen Wirbel gesorgt und so das Thema Klimaschutz politisch und gesellschaftlich wieder verstärkt auf die Agenda gebracht und sicherlich dazu beigetragen, das am 28.11.2019 der Klimanotstand vom Europäischen Parlament ausgerufen wurde.[29]

Initiativen wie diese können Dank der modernen Technologie und Vernetzung z. B. über soziale Medien überhaupt ein solches Ausmaß erreichen und sind von einer heranwachsenden Generation getrieben, die Ihre Zukunft bedroht sehen. Zusätzlich zeigen uns zahlreiche Dokumentationen auf Netflix, YouTube und Co. wo sich die Erde hin entwickelt, wenn wir weitermachen wie bisher: steigende Meeresspiegel, Überbevölkerung und diverse Naturkatastrophen und deren verheerende Folgen. Auch das trägt dazu bei, dass in unserer Gesellschaft ein größeres Bewusstsein entsteht und der Konsument nicht mehr nur Geiz geil findet, sondern durchaus bereit ist, auch mehr auszugeben, wenn Produkte nachhaltig produziert werden und es finanziell möglich ist. Denn aktuell ist Nachhaltigkeit noch ein Privileg, dass sich nicht jeder erlauben kann. In einer Umfrage der IUBH Internationale Hochschule gab der Großteil der Befragten an, bis zu 20 % mehr für nachhaltig produzierte Güter auszugeben. Knapp 3 % sind sogar bereit, bis zu 100 % mehr zu bezahlen.

---

[29] Süddeutsche Zeitung: EU - Europäisches Parlament ruft Klimanotstand aus. 28. November 2019, abgerufen am 28. November 2019.

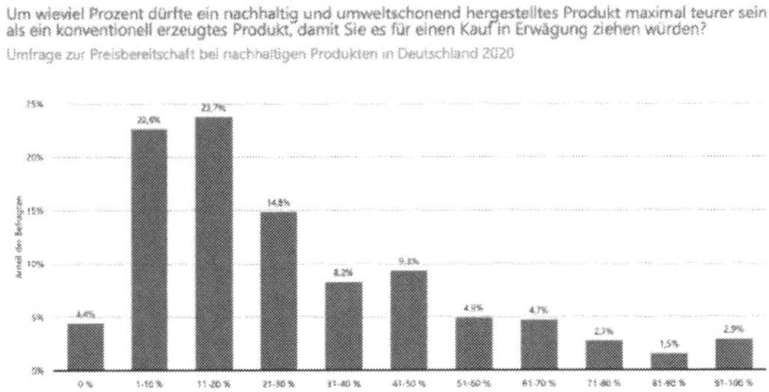

Abbildung 3: Hinweis(e): Deutschland; 11. - 15. Juni 2020; 18-65 Jahre; 2.002 Befragte; Deutsche Bevölkerung. Weitere Angaben zu dieser Statistik, sowie Erläuterungen zu Fußnoten, sind auf Seite 72 zu finden. Quelle(n): IUBH Internationale Hochschule; ID 1154639

Das ist einer der Gründe, warum sich auch nachhaltige und verantwortungsbewusste Marken wie beispielsweise die Sneaker Marke Kulson[30] etablieren können. Denn Konsumenten befassen sich immer häufiger auch mit der Mission des Unternehmens und verstehen zunehmend, welchen Einfluss sie mit Ihrer Kaufentscheidung auf die Umwelt nehmen können. Kulson lässt, um Ihrer Mission gerecht zu werden, Sneaker vollständig in der EU produzieren und bezieht alle Materialien von zertifizierten Zulieferern, die ebenfalls aus der EU stammen. So kann z. B. der CO2-Fußabdruck minimiert werden. Die Sneaker werden unter fairen Arbeitsbedingungen mit recycelten Komponenten in Portugal handgefertigt, da es der Anspruch des Gründers Benjamin Hoffmann ist, eine Qualität anzubieten, die man sonst nur aus dem Luxussegment kennt, aber zu einem fairen Preis. Zusätzlich werden 4 % des Verkaufspreises an Organisationen wie „Seashepherd[31]" oder „The Ocean Clean Up[32]" gespendet, die es sich zur Aufgabe gemacht haben, unsere Meere von Plastik und Fischereinetzen zu befreien.

---

[30] https://kulson.de/

[31] https://sea-shepherd.de/

[32] https://theoceancleanup.com/

Während einige Unternehmen Ihre Verantwortung ernst nehmen, entwickelt sich leider auch ein Trend zum „Greenwashing“, d.h. man versucht durch Marketing-Tricks den Eindruck zu erwecken, man agiere nachhaltig, ein bezeichnendes Beispiel ist ein Unternehmen, das ein umweltfreundliches Produkt produziert und es so bewirbt, dass für den Konsumenten der Eindruck entsteht, dass die gesamte Produktpalette nachhaltig sei, was aber leider nicht der Fall ist. Weitere Methoden sind erfundene Siegel, dedizierte PR-Maßnahmen, die den Eindruck erwecken, dass Unternehmen würde nachhaltig handeln bzw. das umweltschädliche Verhalten würde ausgeglichen.

Aus meiner Perspektive gibt es 3 elementare Bausteine, um die digitale Revolution in der Textil- und Modebranche in der Zukunft weiter voranzutreiben und Nachhaltigkeit in den Fokus zu rücken, damit unsere wunderbare Erde noch lange erhalten bleibt und wir uns als Spezies und Gesellschaft weiter entwickeln können:

Meine Bausteine

Wir die Konsumenten

Wir als Konsumenten sind der wichtigste Baustein, um die bevorstehenden Herausforderungen zu meistern, da wir bereits heute mit wenig Aufwand loslegen können. Denn unsere Kaufentscheidung bestimmt, ob ein Unternehmen seine Produkte absetzen kann oder nicht. Die heranwachsenden Generationen sind deutlich klimabewusster, da Ihnen klar ist, dass sie es sein werden, die mit den Folgen des Klimawandels zu leben haben. Sie sind digital aufgewachsen und wissen genau, wie viel Macht sie als Konsumenten haben, denn das Internet bietet genügend Informationen zu Unternehmen, ihren Produkten und wie diese bewertet werden. Es herrscht eine nie dagewesene Transparenz, wir müssen sie nur nutzen und alte Gewohnheiten ablegen.

Die bisherige digitale Revolution trägt maßgeblich dazu bei, dass sich Konsumverhalten ändern kann, denn jedes noch so kleine Unternehmen kann mit geringen Mitteln seine Produkte über Online-Marktplätze oder den eigenen Onlineshop anbieten und macht es so möglich, dass sich auch nachhaltige Nischenprodukte etablieren können.

Es hat bereits ein Umdenken stattgefunden, denn der Überfluss, in dem wir leben, kann auch belastend sein, so gibt es mir Hoffnung, dass es zunehmend auch Tauschpartys für Kleidung und eine Revitalisierung des Secondhandmarktes gibt; inzwischen sogar verschiedene Online-Marktplätze existieren und auch Unternehmen wie HUMANA steigende Absatzzahlen verzeichnen können. Dies wird deutlich, wenn man sich das Wachstum der verkauften Teile anschaut: Lagen diese 2016 noch bei 1,8 Mio., stieg die Zahl 2019 bereits auf 2,5 Mio. Teile an. Auch die Expansion in der Anzahl der HUMANA Shops von 21 auf 31 physische Läden in nur 3 Jahren unterstreicht den Trend.[33]

In Summe den Konsum zu drosseln ist wohl das beste Mittel, um unser Klima zu schützen oder wieder dahin zurückzukehren aus alt, neu zu machen kann helfen, die Langlebigkeit diverser Produkte zu steigern. Zusätzlich zahlt es auch auf unseren Wunsch der Individualität ein, wenn die Jeans einen fetzigen Flicken bekommt, anstatt in den Müll zu wandern. Minimalismus ist das Zauberwort oder aber auch klassisch: Weniger ist mehr. Dieser Trend, den man auch als Slow Fashion bezeichnet, wird sich in den kommenden Jahren aus meiner Perspektive weiterverbreiten.

[33] https://www.humana-second-hand.de/mode/downloads/HSH-zahlen-fakten-2019-de.pdf

Innovation & Kollaboration

Einen weiteren Baustein sehe ich bei den produzierenden Unternehmen und in der Forschung zu innovativen Materialien und Herstellungsverfahren.

Hoffnung macht hier, dass sich die Mode- bzw. Textilbranche Ihrer Verantwortung immer bewusster wird und beispielsweise beim G7 Gipfel in Biarritz 2019 der „FashionPact" geschlossen wurde. Es ist das erste Mal in der Geschichte, dass sich Geschäftsführer von 32 weltweit führenden Unternehmen gemeinsame Ziele setzen und kollaborieren wollen. Nur 1 Jahr später hat sich die Zahl schon verdoppelt und es sind bereits 60+ Unternehmen (über 200 Marken) und somit 1/3 der Modeindustrie repräsentiert (z. B. adidas, H&M, Inditex u.v.a.m.). Die Unterzeichner haben 7 konkrete Ziele für Klima, Biodiversität und Ozeane festgelegt, die von einigen der führenden Experten aus Forschung, Wissenschaft und Naturschutz unterstützt werden. Um den Fortschritt zu messen und Maßnahmen in Richtung Wirkung zu lenken, hat der Pakt ein digitales Dashboard mit Leistungskennzahlen rund um seine drei Säulen eingerichtet, das mit der Unterstützung der Boston Consulting Group für die strategische Berichterstattung entwickelt wurde. Zum Schutze des Klimas wird beispielsweise angestrebt, 25 % umweltfreundliche Materialbeschaffung bis 2025 umzusetzen. Zum Thema Biodiversität ist ein Ziel die Unterstützung von Null-Abholzung und nachhaltiger Waldbewirtschaftung bis 2025. Um die Ozeane vor weiterer Plastikverschmutzung zu bewahren, arbeiten die Unternehmen daran, bis 2025 problematische und unnötige Plastikverpackungen für den Endkonsumenten zu eliminieren. Dies macht mich zuversichtlich, dass sich die Industrie wandelt und zukünftig deutlich nachhaltiger produziert wird. Der Zeithorizont ist mit 5-10 Jahren allerdings nicht direkt greifbar, wird aber einen großen Einfluss haben, wenn die Unternehmen Ihre gemeinsam formulierten Ziele umsetzen können.

Ein Multiplikationseffekt kann entstehen, wenn sich alle Branchen über Ihren Einfluss auf die Umwelt bewusst werden und möglichst umweltfreundliche Verfahren einsetzen.

Politik (gutes Verhalten muss belohnt werden)

Einen weiteren wichtigen Aspekt sehe ich auf politischer Ebene. Denn gutes Verhalten, sowohl von Konsumenten als auch Unternehmen sollte belohnt werden. Die EU ist ein großer Freund der Nachhaltigkeitswende, unterstützt das Pariser Klimaschut zabkommen und sieht die Wichtigkeit von Innovationen wie beispielsweise den Übergang von der Linearen- zur Kreislau fwirtschaft.[34]

Im Fokus stehen aber auch andere Faktoren, die die Nachhal tigkeitswende unterstützen, wie beispielsweise Steuern und Wettbewerb, verantwortungsvolles unternehmerisches Handeln, soziale Verantwortung von Unternehmen und neue Geschäftsmodelle. Leider mahlen die Mühlen der Politik langsam und als EU sind wir ein Tropfen auf dem heißen Stein. Es wird wichtig sein, dass die EU ihren Einfluss auf andere Länder wie die USA, China und Indien geltend macht und alles daran setzt, die geplanten Ziele bis 2030 zu erreichen. Dies ist der 3. Schlüssel, da wir als Einzelperson zwar durch unsere Wahlstimme einen Einfluss haben, aber nicht direkt in die Gestaltung von Richtlinien und Gesetzen eingreifen können und es der Bereich ist, der wohl am langsamsten vorangeht.

"Ich weiß, dass ich nichts weiß!"

Hätte mir Anfang 2019 jemand gesagt, dass es bald eine Zeit geben wird, in der die Maske ein weltweit verpflichtendes Modeaccessoire ist, hätte ich es nicht geglaubt.

---

[34] Kreislaufwirtschaft ist ein System bei dem Emissionen, Abfallproduktion, Ressourceneinsatz und Energieverschwendung durch das Schließen von Energie- und Materialkreisläufen minimiert werden.

Modetechnisch hat die Corona Pandemie zumindest in Deutschland augenscheinlich dazu geführt, dass die Leggings und der Jogginganzug wieder enorm in Mode sind. Karl Lagerfeld dreht sich vermutlich im Grabe herum, da dies seiner Auffassung nach bedeutet, dass wir gemeinschaftlich die Kontrolle über unser Leben verloren haben. Da ich derart überrascht war von der Pandemie und wie sehr sie mein Leben verändert hat, halte ich absolut nichts mehr für unmöglich. Ich bin überzeugt, dass wir alles erschaffen können, was wir uns vorstellen können. Und in meiner Fantasie kann ich Kleidung irgendwann essen oder auf mich projizieren :-) aber bis dahin werden es vor allem externe Faktoren sein, die dazu führen, dass sich Mode verändert.

- Wird sich unser Leben zukünftig z. B. vermehrt drinnen abspielen und unsere Interaktionen zunehmend digital stattfinden?
- Schaffen wir mehr virtuelle Realitäten als physische?
- Welchen Einfluss haben diese externen Faktoren auf unsere Kleidung?
- Was bewirkt ein veränderter Bedarf?
- Wie verändert sich dadurch die Modeindustrie?

All diese und noch viele weitere Fragen kann man stellen oder akzeptieren, dass man weiß, dass man nichts weiß und einfach der Intuition folgen.

Meine sagt mir: Weniger ist mehr und daher tue ich das, was ich gerade tun kann und kaufe sehr bewusst/am besten gar nichts ein. Hyperschnelle Fashion steht mit Nachhaltigkeit im Widerspruch, daher nicht unterstützbar. Qualität und Langlebigkeit sollten der Maßstab gut produzierter Ware sein und ein fester Bestandteil unserer Kaufentscheidung.

Handel

Erfolgreich gegen Amazon, eBay & Co – wie sich der B2B-Versandhandel neue Marktanteile erobert

Andreas Reuter

Immer weiter wachsende Komplexität, stärkerer Wettbewerbsdruck, höhere Anforderungen der Kund:innen und anspruchsvollere Aufgaben bei der Umsetzung – ohne eine Digitalisierungsstrategie, die alle Kanäle und Ebenen durchdringt, ist das wirtschaftliche Überleben der meisten Unternehmen massiv gefährdet. Doch viele Kritiker:innen bemängeln die fehlende Innovationskraft, Veränderungsbereitschaft und Beweglichkeit der Unternehmen in Deutschland und Europa und damit die Chancenlosigkeit gegen die globalen Großkonzerne. Der B2B-Versandhandel in Deutschland zeigt, warum die richtige Digitalstrategie entscheidend für den Erfolg auf nationalen und internationalen Märkten ist.

Es gibt keinen Anlass für Pessimismus und Schwarzmalerei – auch nicht im wirtschaftlich bedeutenden Versandhandelsbereich. Denn auch wenn die Bedeutung von globalen virtuellen Marketplaces wie beispielsweise Amazon/Amazon Business, Alibaba, eBay und ähnlichen Plattformen gewaltig zunimmt, bieten sich für den klassischen B2B-Versandhandel in der aktuellen Situation erhebliche Potenziale – sofern man sich strategisch auf die Digitalisierung einstellt.

Klar ist, dass Marketplaces für viele Händler und Hersteller vorgefertigte Absatzmöglichkeiten bieten. Sie übernehmen damit einen großen Teil der Vertriebs- und Distributionsleistungen. Und auch die Vorteile für die Kund:innen liegen dabei auf der Hand: Die Marketplaces – unabhängig davon, ob sie als B2C- oder B2B-Plattformen eher private Konsument:innen oder andere Unternehmen ansprechen, fungieren als zentraler Ort, an dem die unterschiedlichsten Produkte von verschiedenen Händler:innen angeboten und präsentiert werden. Somit profitieren Kund:innen von der Auswahl und Verfügbarkeit von Standardprodukten. Sie können hier die Angebote in Ruhe vergleichen, sie können sich außerdem inspirieren lassen und neue Produkte oder gar ganze Produktwelten entdecken. Bei diesen One-Stop-Shopping-Solutions können sie alles sofort bestellen und ohne größeren Aufwand bezahlen. Für zusätzliches Vertrauen sorgen dabei die Markenbekanntheit einiger Plattformen, ihre zumeist internationale Verfügbarkeit und ihre jahrelange Präsenz auf den jeweiligen Märkten.

Der klassische B2B-Versandhandel dagegen ist in weit größerem Umfang geprägt durch ein hochkompetitives Marktumfeld. Er ist auch gekennzeichnet durch eine Vielzahl von Playern, die mit ihren Websites und Online-Shops neu auf der Bildfläche erscheinen, sich aber teilweise nur kurzfristig halten können und bald wieder verschwinden. Gleichzeitig halten nicht wenige Anbieter im B2B-Sektor wegen ihrer bisherigen Erfolge und oft genug auch wegen einer Übervorsichtigkeit gegenüber technischen Innovationen an vermeintlichen altbewährten Methoden und Konzepten fest. Sie laufen damit Gefahr, den Anschluss zu verlieren.

Wachstumsmarkt digitale Beschaffung

Abseits der marktbeherrschenden Marketplaces können gut aufgestellte B2B-Versandhändler, die sich auf die digitale Beschaffung spezialisiert haben, großes Wachstum verzeichnen. Denn sowohl der Kauf als auch der Verkauf über diese Online-Kanäle gestaltet sich vielfältig und bietet immense Möglichkeiten. Das gilt auch, wenn sie im Vergleich mit den Marketplaces eher für das klassische Einzelhandelsgeschäft stehen, bei dem nur gezielt gekauft wird und nur eine begrenzte Auswahl an Produkten zur Verfügung steht.

Das langjährige Know-how aus Deutschland in Sachen B2B-Distribution wird weiterhin gefragt bleiben. Spezialisierte B2B-Versandhändler werden den Unternehmen im In- und Ausland bei den nötigen Prozessen mit Kompetenz, Flexibilität und Innovation zur Seite stehen. Aber sie müssen sich immer wieder neu an die aktuellen Entwicklungen im Markt und an die weltweiten wirtschaftlichen Bedingungen – besonders wegen der Veränderungen durch die Corona-Krise – anpassen. Das beinhaltet gleichzeitig immer effektivere Prozesse wie auch strategische Neuausrichtungen und neue Technologien.

Fitnessprogramm für die digitale Zukunft

Die Digitalisierung steht für einen enormen technologischen Wandel, der lang bestehende Wirtschaftsbeziehungen radikal beendet, neue Märkte erschaffen und bracheninterne Spielregeln auf unterschiedlichster Ebene völlig umgewälzt hat. Daher ist der Invest in die Infrastruktur sowie in digitale Geschäftsmodelle zu unumgänglich.

Dieser Kurs war von Anfang an klar auf die Stärkung der Zukunftsfähigkeit des gesamten Unternehmens ausgelegt. Die digitale Infrastruktur ist damit ein wesentliches Element der strategischen Ausrichtung, die Schäfer Shop fit für die digitale Zukunft und gleichzeitig stark genug macht, um die unterschiedlichen und wechselnden Herausforderungen der europaweiten Märkte zu meistern.

Neue Herausforderungen im E-Commerce

Die Digitalisierung und zunehmende Vernetzung stellen neue Anforderungen an E-Commerce-Plattformen. Einkaufen ist nicht nur ein funktionaler Akt, er hat auch viel mit Emotionen und Wunschvorstellungen zu tun, die beispielsweise mit Bequemlichkeit zu tun haben. Einkäufer:innen aus Unternehmen wünschen sich etwa, dass sie auf B2B-Plattformen die gleichen vertrauten Einkaufserlebnisse haben, die sie als Verbraucher:innen von ihren privaten Shopping-Websites kennen. Das betrifft z. B. einen unkomplizierten Checkout oder die einfachen Nachbestellungen wie im B2C-E-Commerce. Der anstehende Generationenwechsel in Führungsetagen und Einkaufsabteilungen wird derartige Wünsche noch verstärken und die Entwicklung im gesamten Sektor weiter vorantreiben.

In diesem Marktumfeld ist es wenig verwunderlich, dass der Bereich E-Commerce in den meisten Unternehmen, die auf die Entwicklungen im Markt ausgerichtet sind, deutlich ausgebaut wurde. Nur so schaffen sie es auch weiterhin, wettbewerbsfähig zu bleiben und genug Spielräume für zukunftsorientiertes Handeln zu behalten.

Wer die Weichen für den Ausbau konsequent stellen will, muss sowohl in organisatorischer als auch technologischer Sicht aktiv werden und die Digitalisierung als echte Führungsaufgabe begreifen.

Diese muss alle Ebenen einbeziehen und dort als strategische Aufgaben stringent umgesetzt werden. Dazu ist eine Organisationsstruktur unabdingbar, die alle Chancen, die sich aus dem E-Commerce ergeben, nutzen kann und die sich daraus ergebenden Wachstumsziele realisieren kann. Denn der Versandhandel der Zukunft ist mehr als nur schnell, smart und effizient. Was ihn antreibt, ist ein konsistenter, digitaler Informationsfluss über unterschiedliche und dezentrale Einheiten hinweg.

Auf der technologischen Seite steht dem eine Shop-Plattform zur Seite, die schnell skalierbar sowie gleichzeitig international ausrollbar ist und die die Aufnahme neuer Sortimente einfach und problemlos ermöglicht. Was so simpel klingt, ist oftmals eine große Herausforderung für Shop-Betreiber, da es dafür kaum Standardl
ösungen gibt, die das in der gewünschten Form leisten, geschweige denn für zukünftige Anpassungen gerüstet sind. Schäfer Shop hat deshalb eine eigene Shop-Plattform entwickelt, die den individuellen Bedürfnissen sowohl des Unternehmens als auch der Kund:innen gerecht wird.

Experten der eigenen Technologie

Innerhalb von nur zwölf Monaten hat Schäfer Shop „SSI Commerce" und „SSI Cloud" entwickelt. Die Individualsoftware basiert komplett auf einer Self-Contained-System-Architektur und unternehmensweit musste der Kern der Online-Infrastruktur ausgetauscht werden. Dahinter steckt der Gedanke, dass die Technik von heute – und vor allem die von morgen – offen und skalierbar sein muss. Standard software kann dem nicht mehr gerecht werden, weil sie auf den Querschnitt der Ansprüche und Ideen verschiedenster Anwender ausgerichtet ist und damit oft nur auf den kleinsten gemeinsamen Nenner.

Maximale Flexibilität und Sicherheit sind zwei weitere elementare Bausteine. Das Unternehmen hat jetzt alles selbst in der Hand und muss sich nicht mehr auf externe Anbieter verlassen. Die Sicherheit und Hochverfügbarkeit der eigenen Systeme werden so zur unverzichtbaren Basis zukünftiger Erfolge. Auch Partner und Lieferanten sind dabei eng in das System integriert und lassen sich mit individuellen Lieferantenportalen und digitalisierten Einkaufsprozessen in das System einbinden.

Die Folgen für Schäfer Shop sind so eindrücklich wie überzeugend: Die Umsatzanteile im Bereich E-Commerce liegen jetzt bereits international bei nahezu 50 %.

Drei Hindernisse auf dem Weg der Digitalisierung

Hindernis 1 – fehlendes Personal

Digitalisierung und Modernisierung werden deutschlandweit von einem breiten Konsens der Gesellschaft und der Politik getragen. Sie müssen aber von den Unternehmen und ihren Teams vor Ort umgesetzt werden. Bei erfolgreichen Unternehmen heißt Digitalisierung, dass Menschen und Technik auf die bestmögliche Weise zusammenarbeiten und sich optimal ergänzen.

Wenn die wichtigste Ressource des Unternehmens, die Mitarbeitenden, aber fehlen, sind auch hier innovative Lösungen oder clevere Anpassungen in der Organisationsstruktur gefordert, die über bloße finanzielle Anreize hinausgehen. Bei Schäfer Shop beispielsweise wurde, um die Standort-Nachteile vom Hauptsitz Betzdorf im Westerwald auszugleichen, der Technologie-Standort Leverkusen eröffnet. Hier arbeiten die Kolleg:innen, die das eher großstädtische Flair bevorzugen. Gleichzeitig profitiert der Hauptsitz von der Nähe zu Siegen, zu deren Universität die Abteilungen des Unternehmens beste Beziehungen aufgebaut hat.

Wer junge motivierte Arbeitnehmende gewinnen will, braucht auch die entsprechende Struktur, die das Unternehmen zu einem attraktiven Arbeitgeber machen. Flexibles Arbeiten wahlweise im Büro und im Homeoffice, flache Hierarchien, vielfältige Weiterbildungsmöglichkeiten, Mentoringprogramme sind nur einige der Punkte potenzieller Mitarbeitenden, die die Entscheidung für oder gegen ein Unternehmen maßgeblich beeinflussen.

Oft genug muss das Know-how nicht durchgängig im Unternehmen verfügbar sein oder wird nur projektweise benötigt. Deshalb erhält die projektweise Zusammenarbeit mit Freelancer:innen einen immer höheren Stellenwert. Das externe Know-how hilft, zeitweilige Personallücken zu überbrücken oder gezieltes Fachwissen für begrenzte Zeit und für bestimmte Aufgaben ins Unternehmen zu holen.

Schließlich ist Versandhandel mehr als nur einen Webshop aufzusetzen und Waren in einen Lkw zu laden. Neben technischer Expertise ist beispielsweise die Unterstützung von Agenturen in allen Marketing-Belangen sinnvoll. Mithilfe von spezialisierten PR-Agenturen lässt sich die Sichtbarkeit in den klassischen Medien und auf den Social-Media-Kanälen erhöhen – mit positiven Auswirkungen auf die Bekanntheit bei Kund:innen und Partnern und bei möglichen Mitarbeitenden.

Hindernis 2 – unzureichende angepasste Prozesse

E-Commerce lebt von einer vielfach höheren Geschwindigkeit als beispielsweise der frühere klassische Versandhandel. Entscheidun gsprozesse der Kund:innen müssen nahezu in Echtzeit bearbeitet und erledigt werden. Während Preise und Produktdetails in Katalogen ein längerfristiges Gültigkeitsdatum aufweisen, bietet sich im E-Commerce die Chance, das Sortiment innerhalb von wenigen Augenblicken anzupassen oder zu erweitern. Das und auch die allgemein rasanten Entwicklungen im E-Commerce verlangt den Mitarbeitenden aller Ebenen viel ab. Schulungen und Weiterbildungen auf fachlicher und persönlicher Ebene sind deshalb unverzichtbar, denn alle Veränderungen in der Organisation und bei der Umsetzung müssen in erster Linie von Mitarbeitenden getragen werden.

Aus diesem Grund müssen die Teams vor Ort eingebunden werden, damit sie neue Verfahren wo immer möglich gemeinsam implementieren können. Der Einsatz digitaler Technik verbessert die Qualität des Betriebs, erhöht die Zuverlässigkeit der Leistungen und unterstützt alle Mitarbeitenden bei ihren Aufgaben. Digitalisierung muss zur Unternehmens-DNA und Kern der Arbeit werden, die auf Weiterentwicklung und Verbesserung aller Prozesse auf allen Ebenen ausgerichtet ist.

Hindernis 3 – Mutlosigkeit der Systemintegration

Gute Ideen nutzen nichts, wenn sie nicht in die Praxis umgesetzt werden. Es erfordert oft genug unternehmerischen Mut, neue Programme zu testen und ihre Realisierbarkeit im echten Einsatz zu überprüfen. Fehlender Mut ist meist einer der Gründe, warum früher gut laufende Unternehmen an Bedeutung verlieren oder ganz vom Markt verschwinden.

Für Schäfer Shop stellt sich diese Frage im Grunde nicht. Das Unternehmen hat von Anfang an auf eine zukunftsorientierte System-Landschaft gesetzt, die auf Aufbau und Ausbau ausgerichtet war, um jederzeit wettbewerbsfähig zu bleiben beziehungsweise vorhandene Potenziale nutzbar zu machen. Natürlich sind dafür teils erhebliche Investitionen nötig, wie sie etwa für die Hardware und eine eigene E-Commerce-Infrastruktur bereitgestellt werden müssen. Doch ohne sie und die vielen anderen Maßnahmen im Umfeld ist eine wirtschaftlich stabile Zukunft nicht denkbar.

Die Kund:innen im Fokus

Was die Arbeit im B2B-Versandhandel so spannend und anspruchsvoll macht, ist die immer individueller werdende Erwartungshaltung der Kund:innen. Deren Ansprüche steigen besonders auch durch eine bessere Informationshaltung. Sie recherchieren im Internet und wissen genau, was sie wollen. Gleichzeitig steigt dadurch die Beratungsleistung, die abgerufen wird. Die Folge: eine stärkere Lieferanten-Konsolidierung aufseiten der Kund:innen im B2B-Bereich. Sie konzentrieren sich zunehmend auf wenige Lieferanten, bei denen sie ihre Ware beziehen. Das Ziel aller Marktteilnehmer ist es folgerichtig, DER auserwählte Lieferant zu sein und nicht aus dem Relevant-Set der Entscheider:innen herauszufallen.

Bei der Digitalisierung ist es unerlässlich, nicht ausschließlich auf den reinen Produktverkauf über die Online-Kanäle zu setzen. Genauso wichtig und teilweise sogar noch entscheidender sind erstklassige Services und Dienstleistungen. Dazu gehören hochgradige Differenzierung, Segmentierung und Individualisierung sowie das Engagement jedes einzelnen Mitarbeitenden. Auch das Fördern neuer und ungewöhnlicher Denkweisen und das ständige Hinterfragen alter Gewohnheiten sind wesentliche Kriterien für die Qualitätssicherung. Die Frage nach dem Nutzen für die Kund:innen ist dabei stets die Basis für Entwicklung.

Dass sich diese Investments lohnen, zeigen die aktuellen Zahlen. Geschätzte 80 bis 88 Milliarden Euro wurden im vergangenen Jahr hierzulande im E-Commerce umgesetzt, ein Rekordwert. Die Marktforscher des Instituts für Handelsforschung Köln rechnen mit einer weiteren Zunahme bis 2024 auf mindestens 120 Milliarden. Mit dem Erfolg wächst aber auch der Wettbewerb, von dem es sich zu differenzieren gilt. Bei Schäfer Shop gelingt dies mit einem „High-Tech- und High-Touch-Ansatz“. Das Unternehmen setzt auf KI-gestützte Technologien, um Kundendaten für beide Seiten transparent und bestmöglich zu nutzen, um Mehrwerte für Kund:innen zu generieren. Gleichzeitig bleibt die zwischenmenschliche Interaktion gelebte Praxis.

Mensch oder Maschine als ersten Kontakt?

“Customer centricity” lautet das Motto der Zukunft. Dahinter verbirgt sich der Anspruch, dass alle Kund:innen feste Ansprechpartner:innen innerhalb einer Anfrage haben. Das führt dazu, dass eine Vernetzung entsteht und Berater:innen genau wissen, welche individuellen Bedürfnisse Kund:innen haben und wie man diesen gerecht wird. Doch wird der direkte und persönliche Kontakt auch künftig Bestand haben? Sicher, jeder Kunde bzw. jede Kundin wünscht sich eine kompetente, sympathische und empathische Ansprechperson, die das Anliegen umgehend und pragmatisch löst. Und doch sind und werden Chatbots im Tagesgeschäft immer wichtiger – vor allem bei hohen Zugriffs- und Verkaufszahlen können sie einfache und häufig gestellte Fragen schnell, korrekt und effizient beantworten. Es gilt, einen gesunden Mix aus beiden Welten zu finden.

Neben Chatbots wird noch mehr Technologie Einzug in den Online-Handel finden: In Form von weiteren Anwendungsmöglichkeiten Künstlicher Intelligenz oder durch den Einsatz von Virtual- und

Augmented-Reality-Technologien. Das wird den Online-Handel der Zukunft noch attraktiver machen. Allerdings sind diese Technologien heute noch nicht ausreichend ausgereift, um großflächig und mit einem entscheidenden Mehrwert für Kund:innen eingesetzt zu werden. Zudem sind sie auch noch nicht im Mindset der Kund:innen verankert.

Die Digitalisierung im B2B-Versandhandel hat viel bewegt und der Veränderungsdruck steigt weiter an. Aktuell gibt es noch keinen Masterplan für die Branche. Es ergeben sich aber immense Chancen für alle, die bereit sind, sich schnell und durchgreifend darauf einzustellen. Das heißt nicht, sich von der Technik treiben zu lassen. Im Gegenteil, es gilt, die neuen Entwicklungen offen zu fördern und für die Bedürfnisse der Kund:innen zu nutzen. Wichtig bleibt, die Chancen dieser schnelllebigen Welt zu erkennen und bestmöglich im Unternehmen zu adaptieren.

Meine Bausteine

- Digitalisierung in der DNA des ganzen Unternehmens auf allen Ebenen
- Vermehrter Einsatz von KI
- Chatbots
- Vollintegrierte IT

Digitales Franchising

Dr. Anna Weber und Dr. Jan Weischer

Ein Franchise-System ist ein besonders komplexes Konstrukt aus Menschen, Prozessen und Standorten, die sich einerseits durch Unabhängigkeit und Eigenverantwortung auszeichnen, andererseits durch Regeln, Wünsche und Anforderungen miteinander verwoben sind. Will heißen: Soll ein Franchise-System reibungslos funktionieren, müssen Kommunikation und Prozesse zwischen den Stakeholdern stimmen! Um ein solch komplexes System fit für die Zukunft und sogar krisenfest zu machen, ist Digitalisierung unerlässlich und schafft gleichzeitig neue Möglichkeiten. Wir bei BabyOne[35] stecken mitten im Transformationsprozess hin zu einem Omnichannel Retailer im Franchisesystem und wissen, wo es häufig zwickt. Wir haben ein Ship-from-Store-Modell für unseren Webshop installiert, dass unsere Franchisepartner inkludiert, eine E-Learning-Plattform entwickelt, über die wir heute unser Know-how standortübergreifend teilen und ein Online-Buchungstool an den Start gebracht, das jedem Fachmarkt mehr Sichtbarkeit verleiht und unsere Kunden gerne in Anspruch nehmen. Einige dieser zukunftsgerichteten Bausteine hatten wir schon vor der Krise am Start bzw. „lagen längst in der Luft“, kolossal gepusht wurden sie bzw. wirklich etabliert haben sie sich aber erst durch die Corona-Krise. Wir teilen gerne unsere Erfahrungen und wollen mit unseren erfolgreichen Ideen das Modell „Franchising“ für die Zukunft voranbringen.

Unser Unternehmen ist Marktführer für Baby- und Kleinkindbedarf mit insgesamt 102 Filialen in Deutschland,

[35] https://www.babyone.de/

Österreich und der Schweiz. 34 der Filialen betreiben wir direkt, 68 Märkte werden von unseren Franchisepartnern betrieben. Gegründet 1988 unter dem Namen „Babyland", stieg unser Vater Wilhelm Weischer 1992 als erster Franchisenehmer ins Unternehmen ein. 1992 erfolgte die Umfirmierung in BabyOne sowie die Gründung der Franchise- und Systemzentrale. Seit 1998 führte unser Vater das Unternehmen als geschäftsführender Gesellschafter, 2003 übernahm unsere Mutter Gabriele Weischer die Co-Geschäftsführung. Zum 1.1.2021 übergaben unsere Eltern die Unternehmensleitung an uns – als Abschluss eines mehrjährigen Generationswechselprozesses.

BabyOne wächst seit der Gründung organisch und aus sich selbst heraus. Seit unserem Eintritt ins Familienunternehmen im Jahr 2018 vollziehen wir den Generationswechsel unter der Prämisse der stetigen Veränderung bei gleichzeitiger Wahrung von Werten. Wir sind überzeugt, dass Unternehmen nur dann nachhaltig zukunftsfähig sind, wenn es ihnen gelingt, den Veränderungswillen in ihrer Kultur festzuschreiben – und diesen gemeinsam im Team leben. Das vergangene Jahr hat sehr viel von uns und unseren Franchisepartnern abverlangt. Es hat aber auch bewiesen, dass diese Bereitschaft zur Veränderung am Ende den Unterschied ausmacht, ob man als Unternehmen zukunftsfähig ist oder nicht. Wir haben sozusagen die vorhandenen Bausteine der Digitalisierung aufgegriffen und für uns angepasst. Nun lernen wir jeden Tag hinzu, evaluieren, verwerfen, verbessern und haben Veränderung als wichtige Konstante in unserer Unternehmensstrategie verankert. Mit diesem Background konnten wir die Herausforderungen der Pandemie vielleicht etwas leichter annehmen. Und wie bei vielen anderen Unternehmen auch, hat Corona unsere Digitalisierungsbestrebungen enorm beschleunigt! So ist es unter anderem auch dem rasanten Ausbau unserer standortüber greifenden digitalen Services zu verdanken, dass wir und unsere Franchisenehmer insgesamt relativ gut durch die Krise gekommen sind und unsere Online-Umsätze 2020 sogar um 160 Prozent steigern konnten.

Da unser Schwerpunkt traditionsbedingt auf dem stationären Handel liegt, stellt die Transformation hin zu einem modernen Omnichannel-Unternehmen eine besondere Herausforderung dar - erst recht, da in einem Franchisesystem eine Vielzahl an Unternehmern an dem Change-Prozess beteiligt sind. Doch das Franchisesystem hat sich auch in der Krise sehr bewährt. In einer aktuellen Umfrage des Deutschen Franchiseverbandes gaben 96 Prozent der befragten Franchiseunternehmen an, dass sie das Geschäftsmodell als besonders krisensicher einschätzen. Das sind 9 Prozentpunkte mehr als noch 2019 und zeigt, dass Franchising eine verlässliche Zukunftsstrategie für die Post-Corona-Zeit darstellt.

Wir stellen uns also dem digitalen Wandel und streben eine Entwicklung hin einer performance- und datengetriebenen Unternehmenskultur an, um Wachstum und Wettbewerbsfähigkeit von BabyOne im digitalen Handel sicherzustellen. In den letzten Jahren haben wir und unsere Franchisepartner deswegen viel in IT und digitale Technologien investiert. Hier die wichtigsten Projekte, mit denen wir einen wichtigen Schritt in Richtung Zukunft gehen:

Unsere Bausteine

Ship-from-Store als Shopmodell für Franchisesysteme

Digitale Transformation der Vertriebskanäle

Ende 2019 erzielten wir mit unseren Franchise Filialen 95 Prozent unseres Umsatzes, knapp 5 Prozent durch unseren Online-Shop. Im Jahr 2009 eröffnet, diente dieser vor allem als digitales Schaufenster mit einem eingeschränkten Sortiment. Das hat sich inzwischen radikal geändert, denn im Herbst 2019 haben wir ein Ship-from-store-Modell eingeführt, das unsere Filialen in den Online-Handel einbindet und die Franchisenehmer am Umsatz beteiligt. Ein Baustein also, der als Modell zwar längst in der Branche existiert, dessen Einführungszeitpunkt allerdings viel Fingerspitzengefühl verlangt. Online-Bestellungen werden heute immer von dem stationären Partner ausgeführt, der erstens den kompletten Warenkorb ausliefern kann und zweitens am wenigsten weit von der Lieferadresse entfernt ist. Den Online-Umsatz erhält jeweils der ausliefernde Markt, er muss lediglich eine Gebühr an die Firmen-Zentrale abführen. Durch das neue Vertriebsmodell können unsere Kunden nun auf die Sortimente und Bestände von allen lokalen BabyOne-Märkten zugreifen.

Uns war klar, dass die Zukunft unseres Unternehmens davon abhängen würde, ob es uns gelingt, gemeinsam mit unseren Franchisepartnern einen erfolgreichen, digitalen Vertriebskanal zu etablieren, der nicht nur den Kunden radikal ins Zentrum unseres Tuns rückt, sondern auch von unseren Partnern mitgetragen wird. In einem umfangreichen Gemeinschaftsprojekt wurden in enger Zusammenarbeit von Franchisenehmern und Zentrale die Rahmenbedingungen des Konzepts festgelegt und anschließend alle Franchisenehmer an den Shop angebunden. Seitens der Partner mussten Kapazitäten in Form von Personal, Lagerflächen und Platz für die Kommissionierung von Online-Bestellungen geschaffen werden. Damit war der Online-Shop für unsere Franchisepartner kein Konkurrent mehr, sondern ein gern gesehener Neukundenlieferant. Rückblickend sind wir und unsere Partner natürlich mehr als froh, dass wir dieses „Hybrid-System“ schon vor der Corona-Krise ausgerollt hatten. Es war schlichtweg existenziell für uns und unsere Franchisepartner.

E-Learning Plattform für mehr Know-how und Wir-Gefühl

Wissenstransfer in standortübergreifenden Teams

In unseren über hundert Filialen arbeiten rund 1.200 Mitarbeiter, die Standorte sind überall in Deutschland, Österreich und der Schweiz verteilt. Wir suchten nach einer Möglichkeit, das immense Produkt- und Anwenderwissen unserer besten Verkäufer auf der Fläche allen BabyOne-Mitarbeitern zur Verfügung zu stellen. Auch neuen Mitarbeitern sollte der Einstieg ins Unternehmen erleichtert werden. Zudem sollte eine lebendige Community geschaffen werden, die sich unter dem Motto „Von Mitarbeitern für Mitarbeiter" gegenseitig unterstützt – egal ob aus München oder Hamburg. Die Lösung fand sich in Form eines E-Learning-Tools, das als weiterer (und in der Branche ebenfalls längst vorhandener) Baustein für unsere digitale Transformation den Wissenstransfer im Unternehmen sicherstellt und zudem den Community-Gedanken auf ein neues Level hebt. Inzwischen, vor allem angesichts von zum Teil geschlossenen Läden, Homeoffice und insgesamt reduzierten persönlichen Kontakten, spielt das Tool seine größten Pluspunkte aus: Es hilft, unser BabyOne-Familiengefühl standortübergreifend zu bewahren.

Weniger Ressourcen, mehr Bindung

Tatsächlich war es die Initiative unserer Franchisenehmer, hier eine digitale Lösung zu finden. Fachwissen zur Anwendung von Produkten ist unser höchstes Gut gegenüber dem Kunden und unser wichtigstes Alleinstellungsmerkmal. Das sollte für jeden Mitarbeiter zeit- und standortunabhängig zugänglich sein. Rund 15.000 Produkte umfasst unser Sortiment in einer durchschnittlichen Filiale, eine Zahl, die vor allem für neue Mitarbeiter eine Herausforderung darstellt.

Einarbeitungszeiten von ca. sechs Monaten waren daher die Regel. Zudem musste das Wissen stets aufgefrischt oder aktualisiert werden, was viele Ressourcen band und Zeit beanspruchte. Wir suchten nach einer Möglichkeit, Wissen abseits von Prospekten und Tabellen bereitzustellen, das stetig wieder genutzt werden konnte, ohne Ressourcen zu binden.

Voneinander Lernen auf Augenhöhe

Als Ergebnis brachten wir gemeinsam mit dem Technologi eunternehmen Qualitize eine maßgeschneiderte eLearning-Plattform an den Start. Jeder Mitarbeiter wurde eingeladen, sein Expertenwissen zu Produkten oder Prozessen anhand eines kurzen Videos zu dokumentieren, direkt auf die Plattform hochzuladen und es mit seinen Kollegen zu teilen – ohne weitere Prüfung. Wir vertrauen unseren Mitarbeitern, daher gibt es bei uns keine redaktionelle Zwischeninstanz, die Uploads vor der Veröffentlichung prüft. Auch positives Feedback in Form von Kommentaren, Applaus, Herzen oder Likes können Mitarbeiter zu jedem Video eintragen und schaffen damit einen Anreiz für weitere Inhalte. Mit dem Tool drücken wir auch unsere Wertschätzung für unsere Verkaufsexperten auf der Fläche aus, deswegen wollten wir ganz explizit kein von „oben“ übergestülptes Lernpaket. Es ging uns um ein „voneinander Lernen auf Augenhöhe“.

Auf die Kultur der Einführung kommt es an

Uns war klar, dass der Erfolg der Lern-Plattform kein Selbstläufer werden würde. Akzeptanz und Nutzung durch die Mitarbeiter würden sehr stark von einer niederschwelligen Usability für Desktop & Mobile abhängig sein sowie von einem maximal nutzwertigen und gleichzeitig kurzweiligen Inhalt. Um das digitale Projekt erfolgreich einzuführen und Mitarbeiter gleich von Anfang an dafür zu begeistern, haben wir uns sehr viele Gedanken über die „Einführungskultur“ gemacht. Um Hemmschwellen bei den

Mitarbeitern abzubauen und zu zeigen, dass jeder Beitrag gewünscht und wichtig ist, haben wir außer ein paar Tipps wie z. B. die Maßgabe, die Videos im Querformat zu drehen und freizusprechen, keine Regeln aufgestellt. Im Gegenteil, uns war von Anfang an wichtig zu betonen, dass wir keine High-end-Filme erwarten und dass jedes Video so, wie es ist, perfekt sei. Heute sind die Inhalte eine Kombination aus viel Wissen, gepaart mit einer Prise Spaß.

Einarbeitungszeit halbiert, hochmotivierte Mitarbeiter

Die Idee hat funktioniert. Heute gibt es rund 450 Videos zu unterschiedlichen Themen auf der E-Learning-Plattform. Übersichtlich kategorisiert in Themengebiete wie z. B. Kinderwagen, Erstausstattung, Bauch- und Rückentragen oder auch die Optimierung von internen Prozessen wie z. B. das Handling von Online-Bestellungen. Mit über 23.000 Aufrufen (Stand Februar 2021) hat sich jeder Nutzer etwa 30 Videos angesehen. Innerhalb von rund einem Jahr hat sich die Plattform damit als zentrale Anlaufstelle für den internen Wissenstransfer fest im Team etabliert. Auch eine Wunschfunktion wurde umgesetzt: Wenn ein Mitarbeiter gerne den neuen Kinderautositz XY erklärt haben möchte, kann er die Community bitten, dazu ein Video zu erstellen. Auch neue Mitarbeiter sind für die digitale Unterstützung sehr dankbar: In der Praxis haben wir gesehen, dass die Einarbeitungszeit von neuen Verkäufern halbiert werden konnte. Neue Mitarbeiter sind oft so motiviert, dass sie sich die Videos schon vor ihrem ersten Arbeitstag ansehen und dann direkt mit ihrem Wissen glänzen können. Auch einen positiven Umsatzeffekt auf Konversion und durchschnittlichen Warenkorbwert konnten wir feststellen.

Virtueller Messe-Ersatz und Marktleiter-Tagung

Einen enormen Auftrieb erfuhr die Plattform im Oktober 2020, als wir über das Tool unsere jährlich stattfindende Marktleiterkonferenz komplett digital durchführten. Da das Event

Corona-bedingt nicht wie üblich als Abschluss der alljährlichen Messe Kind+Jugend in der Zentrale in Münster stattfinden konnte, galt es, einen Ersatz für Austausch, Inspiration und Nähe zu finden. Wir entwickelten ein ambitioniertes Digitalkonzept auf Basis der E-Learning-Plattform, welches erstmals auch unsere Top 100 Hersteller und Lieferanten mit einschloss und damit die ausgefallene Messe kompensieren konnte. Wir baten unsere Lieferanten unter dem Motto „BabyNale – die Filmfestspiele von BabyOne“ einen Filmbeitrag zu ihren neuesten Produkten und Features zu erstellen und uns zu schicken. Wir waren überwältigt, wie dankbar alle Partner für diese Präsentationsmöglichkeit waren! Es wurden z. T. hochprofessionelle Filme extra für diese Veranstaltung gedreht. Auch unsere Mitarbeiter lieferten Beiträge zu internen Themen. Live-Sessions mit der Möglichkeit zum direkten Austausch rundeten das viertägige Programm der BabyNale ab. Tatsächlich wurden 115 Filme mit rund 13 Stunden Gesamtdauer zur BabyNale hochgeladen. Rund 62-mal wurde jedes Video durchschnittlich angeschaut. Das meistgesehene Video – eine neue Bauchtrage für Babys – erhielt 340 Views. Den größten Gewinn sehen wir darin, dass wir über das digitale Format unsere Reichweite im Team stark erhöhen und in Zeiten der Krise so viel positive Energie teilen konnten.

Ausbau der digitalen E-Learning Plattform

Mit der Einführung unserer E-Learning-Plattform ergeben sich Schritt für Schritt weitere Nutzungsmöglichkeiten, an die wir anfangs gar nicht gedacht hatten. Um im Bild von Mario Herger zu bleiben, sind wir sozusagen gerade dabei, das “benachbarte Mögliche” zu erkennen, zu evaluieren und umzusetzen. Aktuell führen wir z. B. separate Kommunikationskanäle für die einzelnen Abteilungen bei BabyOne ein. Wenn das Marketing dann z. B. eine neue Social Media Kampagne ausrollt, kann sie die Fachmärkte dazu zentral informieren. Auch Tipps für fachmarkteigene Kampagnen können hierüber geteilt werden. Zudem wird die Geschäftsleitung einen eigenen Kanal erhalten, um strategische Themen ins Unternehmen zu tragen und für mehr Transparenz zu sorgen. Für die Zukunft können wir uns darüber hinaus vorstellen, auch unsere Lieferanten in das Tool einzubinden.

E-Termin als Unterstützung des Verkaufs auf der Fläche

Zentrale digitale Services, von denen auch die Franchisepartner profitieren

Schon vor der Corona-Krise wollten unsere Franchisepartner und wir für unsere Kunden eine zentrale Möglichkeit schaffen, einen Beratungstermin zu konkreten Themen wie z. B. Baby-Erstausstattung oder Kinderwagen in einem unserer Fachmärkte zu buchen. Tatsächlich hatte einer unserer Franchisepartner bereits eine solche Lösung im Einsatz, die sehr gut funktionierte. Dieses Tool haben wir dann zentral auf unserer Website installiert und für all unsere Partner ausgerollt. Auch hier also ein Zukunftsbaustein, der als Technologie längst vorhanden und dessen dahinterliegender Multichannel-Gedanke längst nicht mehr neu war, dessen Zeit (für uns) aber noch nicht gekommen war. Denn die nötige Akzeptanz bei unseren Kunden bzw. den Durchbruch für diesen Service brachte die Corona-Krise im Frühjahr 2020. Plötzlich wurden Probleme sichtbar, die man zuvor nicht so klar gesehen hatte. Denn eine Online-Terminvereinbarung für stationäre Beratungstermine bietet auch in normalen Zeiten einen Mehrwert für Kunden und ergibt nicht nur in Zeiten des Abstandhaltens Sinn.

Zu dem Wunsch nach einem planbaren Beratungsservice kam hinzu, dass wir während der Pandemie die Frequenz in unseren Filialen besser steuern wollten. Da wir in der zweiten Lockdown-Welle in den meisten Bundesländern als systemrelevant galten, durften unsere Geschäfte geöffnet bleiben und es kam vor, dass Kunden auf freie Berater warten mussten – was sowohl für unsere Kunden als auch für unsere Verkaufsmannschaft vor Ort nicht ideal war. Die üblichen Stoßzeiten wie Freitagnachmittag oder die frühen Abendstunden sollten entzerrt werden, damit unsere Kunden jederzeit die Beratung erhalten konnten, die sie benötigten. Wir führten daher eine zentrale Online-Terminvergabe für Beratungsgespräche in den Fachmärkten, per Telefon und Video ein, um Kunden und Personal im Laden noch besser schützen und die Frequenz im Laden zu steuern. Anlaufstelle für diese Terminvergabe war unser Online-Shop.

Schnelligkeit durch reduzierte Komplexität

Uns war es angesichts der Krise damals extrem wichtig, diesen Service möglichst schnell und über alle Filialen hinweg ausrollen zu können. Daher war es erfolgsentscheidend, mit einer möglichst geringen Komplexität zu starten. High-End-Ausbaustufen, wie z. B. die Verknüpfung mit den Kassensystemen, um Conversion und Warenkörbe messen und den Service bewerten zu können, haben wir daher bewusst auf später verschoben. Auch in den Fachmärkten war deswegen Improvisation erlaubt: Um die Verfügbarkeit der Fachberater für alle ersichtlich im Laden darzustellen, nutzten einige Filialen z. B. Whiteboards – auch wenn das manchmal nicht den ästhetischen Ansprüchen des eigenen Marketings entsprach. Zentral im Eingangsbereich positioniert, lenkte es die nötige Aufmerksamkeit auf sich und zeigte den Kunden beim Betreten des Fachmarkts auf einen Blick, ob Berater gerade im Gespräch waren oder nicht.

Webinare als Schulungs-Tool fürs stationäre Personal

Um das stationäre Personal im Umgang mit dem neuen Tool zu schulen, nutzten wir ebenfalls Digitaltechnologie, das Webinar. Webinare eignen sich durch ihre Interaktivität, Feedback- und

Aufzeichnungsmöglichkeit ideal als standortübergreifendes Schulungstool. Mit allen Filialen und Mitarbeitern organisierte das E-Commerce-Team aus Münster Schulungen via Internet. Auch lernten die regionalen Teams dabei ihre technischen Ansprechpartner aus der Zentrale in Münster kennen. Gerade bei Digitalisierungsprojekten und der Einführung von neuen Tools ist eine gute Vernetzung von Zentrale und Fachmarkt ein wesentlicher Erfolgsfaktor! In kleinen Gruppen von rund 5-10 Teilnehmern führten wir insgesamt 15 Schulungen à 45 Minuten durch.

Social Media als Werbekanal – zentral und dezentral

Um den neuen Service publik zu machen, setzten wir neben Aufstellern und Plakaten in den Märkten vor Ort vor allem auf Social Media Kampagnen. Ganz nach dem Motto „Was nützt der beste Service, wenn niemand davon erfährt?" entwickelte unser Marketing-Team zielgerichtete und lokal ausgespielte Social Ads für Facebook und Instagram. Eingebunden in hochwertigen Content wie z.B. eine Hebammen- oder Trageberatung für Neugeborene, erhielt der neue Service schnell viel Aufmerksamkeit bei der Zielgruppe. Auch Themen wie z. B. Tipps zu Kinderwagen und Buggys kamen bei den Kunden sehr gut an und stärkten die Sichtbarkeit unserer Läden. Auf diese Weise konnte die online dargestellte Beratungskompetenz einen anschließenden Besuch im Fachmarkt direkt vorbereiten und damit Online- und Offline-Welt ideal verknüpfen. Auch die Einbindung des direkten Buchungslinks in Google zeigte Vorteile: Bei der Google-Suche nach dem lokalen Fachmarkt sehen Kunden direkt den Link zur Terminvereinbarung im rechten Bereich der Google-Suche.

Optimale Beratung im Laden – die Vorbereitung macht's möglich

Einen weiteren Vorteil des Tools sehen wir ganz klar in der Tatsache, dass Verkäufer im Fachmarkt sich nun auf die Beratungsgespräche und Kundenwünsche vorbereiten können - ein Pluspunkt, der auch nach der Krise eine hohe Relevanz haben wird. Zu den gängigen Beratungsthemen wie z. B. einer Erstausstattungsberatung oder einer Beratung zum Autositz wurden im Tool vordefinierte und auf Erfahrungswerten beruhende Zeitslots hinterlegt, sodass Filialen ihren Personaleinsatz heute optimal planen können. Vor allem aber konnte die Kundenzufriedenheit gesteigert werden, denn früher wussten wir nicht, wofür ein Kunde sich interessiert, wenn er den Laden betritt. Da konnte es passieren, dass der favorisierte Autositz gerade nicht in der Filiale vorrätig war. Dadurch, dass Kunden im Termin-Vereinbarungs-Tool heute angeben können, zu welchem Thema sie Beratung benötigen, können sich die Fachberater im Laden nun gezielt auf das Gespräch vorbereiten – und auch Zubehör direkt bereitlegen. Auf diese Weise kann der Verkäufer zur Kinderwagen-Beratung den wärmenden Fußsack gleich parat haben. Falls Kunden den Kauf überschlafen möchten, hilft das Tool, den Kontakt zum Kunden halten. Kinderwagen kosten heute oft um die 1.000 Euro, da besprechen sich junge Eltern gerne mit den Großeltern, Tanten und Onkels, um hier die richtige Entscheidung zu treffen. Über unser Termin-Tool haben wir die Möglichkeit, direkt einen Folgetermin auszumachen und halten darüber den Kontakt zum Kunden. Auch ein Feedback-Tool via E-Mail ist inzwischen inkludiert und liefert jedem Franchisenehmer bzw. Marktleiter wertvolle Rückmeldung über die Qualität der Beratung.

Höhere Kaufabsicht, mehr Conversion, zufriedenere Kunden

Seit Oktober 2020 können Beratungsgespräche nun flächendeckend in all unseren Filialen in Deutschland, Österreich und der Schweiz online gebucht werden. Zehn Termine pro Woche werden heute über das Tool im Durchschnitt in jeder Filiale gebucht, Top-Performer schaffen sogar bis zu 20 Buchungen pro Woche. Besonders erfreulich ist, dass die Termine von unseren Kunden wirklich fast immer eingehalten werden. Als Gedankenstütze verschicken wir vor dem gebuchten Termin stets eine Erinnerungs-E-Mail an den Kunden. Interessant ist auch, dass Buchungen nun über den ganzen Tag hinweg stattfinden und damit eine klare Entzerrung der Frequenz eingetreten ist. Auch für die Berater ist das eine Erleichterung. Eine genaue Auswertung bezüglich Erfolgskennzahlen wie Conversion oder Warenkorbhöhe ist in der ersten Ausbaustufe des Projekts zwar noch nicht möglich, aber wir sehen klar und über alle Filialen hinweg, dass die Kaufabsicht der Kunden mit gebuchtem Termin sehr viel höher ist als bei den anderen Kunden. Zudem haben wir das Feedback von unseren Filialen erhalten, dass vermehrt Zusatzverkäufe realisiert wurden und die meisten Beratungstermine klar zum Kauf führten.

Zentraler Baustein für die Zukunft: Veränderung!

Wer weiß schon, was die Zukunft bringt? Nur in einem sind wir uns sicher: Veränderung! Und dafür möchten wir bereit sein. So steht für uns und unsere Franchisepartner fest, dass sich das Einkaufsverhalten unserer Kunden durch die Krise nachhaltig gewandelt hat. Kunden haben die Vorzüge der digitalen Kanäle kennen- und schätzen gelernt und werden sie auch in Zukunft nutzen wollen. Es zeichnet sich immer deutlicher ab, dass „Omnichannel" das Gebot der Zukunft sein wird – und wir haben den Vorteil, dass wir traditionell auch den stationären Kanal sehr gut bedienen können. Wir möchten mit unserem Unternehmen in Zukunft überall dort sein, wo der Kunde ist und ihm das bestmögliche Kauferlebnis bieten. Die Maßnahmen, die sich daraus ergeben, kennen wir heute zum Teil schon, zum Teil aber auch noch nicht. Deswegen macht es auch keinen Sinn für uns, heute über langfristige To-dos nachzudenken, denn was wir heute festlegen, ist vielleicht morgen schon obsolet. Unser zentraler Baustein für die Zukunft ist daher die stetige Bereitschaft für Veränderung - in allen Unternehmensbereichen.

E-Commerce: Auf dem Weg in die Post-Porter-Period

Martin Groß-Albenhausen

E-Commerce wird häufig isoliert im Rahmen einer bestimmten Wertschöpfungsstufe im Handel betrachtet. Gefragt wird: „Wie kann E-Commerce unser Geschäftsmodell verbessern?“ oder „Wie können wir in unseren Märkten durch E-Commerce ein neues Geschäftsmodell einführen?“ Diese Herangehensweise kann in der Binnensicht disruptiv wirken, aber sie ignoriert das kreativ-zerstörerische Potenzial, das E-Commerce auf „den Handel“ noch entfalten wird.

Das führende Wertschöpfungsmodell für den Handel folgt Porters Wertkette, die stets nur eine Richtung, ZUM Kunden, kennt. Die „Supply Chain“ fußt jedoch auf Grundannahmen, die in der digitalen Welt nicht mehr unverändert gelten. Als Michael E. Porter 1985 im Buch „Competitive Advantage“[36] sein berühmtes Bild von den Tätigkeiten in jedem Unternehmen prägte, gab es zwar erste Ansätze des DARPA-Nets, aber zum Internet und seinen Möglichkeiten entwickelten nur wenige Vordenker rudimentäre Ideen. Daher ist die Wertschöpfungsleistung zwar nominell in beide Richtungen orientiert – ein Einzelhändler erzeugt einen Mehrwert sowohl für den Hersteller oder Großhändler als auch für den Kunden, andernfalls wäre die Handelsstufe überflüssig –, aber sie beruht auf den zum damaligen Zeitpunkt

[36] https://amzn.to/2PSAmBe

üblichen und möglichen Informations- und Transaktionsprozessen.

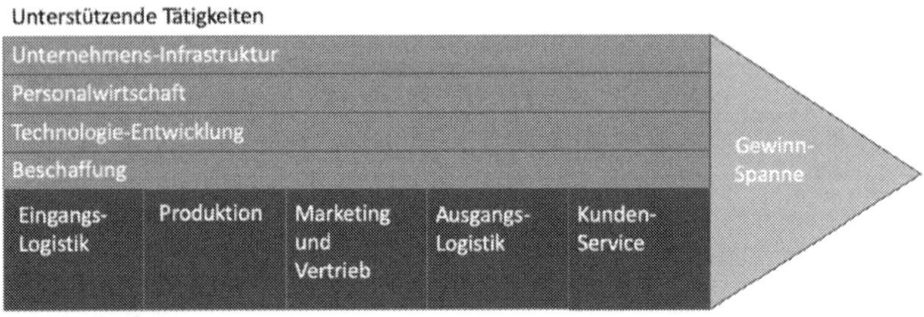

Abb.1: Wertschöpfungskette nach Porter

Das Jahr 1985 war global noch von indirektem Informationsfluss geprägt. Einerseits konnten die gewerblichen und privaten Verbraucher insbesondere bei gering investiven Gütern das Angebot nur bei Zwischenhändlern überhaupt zur Kenntnis nehmen. Diese Mittlerfunktion setzt sich in einigen Sortimenten durch Verbundgruppen und deren Markenpolitik heute noch fort. Zum anderen konnten die Hersteller Informationen über die Verbraucher nur am Point of Sale in Kooperation mit dem Händler gewinnen: Das Category Management erlebte wenige Jahre nach Porters Veröffentlichung des Wertkettenmodells von den USA ausgehend seine globale Verbreitung.

Es ist inzwischen eine Binse, dass sich das Konsumentenverhalten radikal geändert, die Datenerfassung exponentiell gesteigert hat und auch die daraus resultierende Datenwertschöpfung klassische Wertbeiträge massiv übersteigt. Dennoch gehen viele Händler, aber auch manche Stadtentwickler und die Politik davon aus, dass die Basisfunktionen unverändert überdauern.

Dabei hat der Einzelhandel über Jahrzehnte alles dafür getan, Kernkompetenzen an vorgelagerte Wertschöpfungsstufen zu delegieren und Marktrisiken auf diese abzuwälzen. Stichwort Werbekostenzuschlag, Lagerwertausgleich oder Rack-Jobbing, Corner-Shops, Shop-in-Shops oder Concessions[37]. Im Grunde ein toxischer Cocktail für den Handel, der dem Hersteller die Beschäftigung mit dem Endkunden von sich aus immer näher gelegt hat.

Im gleichen Maß haben die Händler es versäumt, die Informationen über ihre Kunden systematisch aufzunehmen und damit bessere Einkaufserlebnisse zu schaffen. Innovation am Point of Sale beschränkte sich auf Displays oder Self-Scanning – alles dazu geschaffen, den Kontakt mit den Mitarbeitern zu minimieren.

Die Beobachtung der Kunden erfolgte so mit der denkbar kleinsten Linse: den Absatzzahlen der einzelnen Märkte und Läden. Studien wie etwa von Prof. Dr. Hans-Christian Riekhof und Stefan Brinkhoff (Private FH Göttingen, 2017) geben zwar an, dass rd. sieben von zehn Handelsunternehmen Kundenkarten anbieten. Allerdings liegen dem sehr geringe Fallzahlen zugrunde, sodass sich eine Hochrechnung auf den Einzelhandel in Deutschland nicht rechtfertigen lässt.

Damit unterscheidet sich die Qualität der Daten. E-Commerce-Unternehmen können – anders als stationäre Händler – nicht nur auf Kaufdaten zurückgreifen, sondern auch sehr genau Nachfragedaten ermitteln, denen kein Angebot gegenübersteht. Die klassische Aussage „Du kannst nicht nicht kommunizieren“ trifft hier den Kern: An digitalen Touchpoints kann der Anbieter erkennen, was den Kunden interessiert hat, auch wenn dieser nicht gekauft hat. Er sieht – aggregiert oder Cookie-basiert pseudonymisiert individuell – welche Waren aus dem virtuellen Regal genommen wurden, wie intensiv der Interessent sich das Produkt angesehen hat, was er verglichen und wofür er sich letztlich entschieden hat. Bewertungen und ausführliche Rezensionen stehen standardisiert auswertbar zur Verfügung.

[37] https://logistikknowhow.com/e-commerce/vertikale-integration-im-einzelhandel/

Damit dreht sich das datengetriebene Einkaufsmodell des Handels von einer Supply Chain zu einer Demand Chain. Dank solcher quantitativer und qualitativer Daten könnten Hersteller Absatzmengen besser prognostizieren, Sortimentszusammenhänge erkennen und ihre Produkte verbessern.

Das alles spricht noch nicht für den „Direct to Customer“ bzw. Consumer-Ansatz. Aber es zeigt, warum der Mehrwert, den stationäre Händler aktuell dem Lieferanten bieten, immer weiter zurückgeht. Das über mehr als zwei Jahrzehnte eingeübte Category Management muss digital neu erfunden werden. Nur durch eine maximale Integration in Daten-Wertschöpfungsketten können die stationären Händler ihre Relevanz erhalten.

Hier tritt als neue Herausforderung die fortschreitende Sensorisierung der Produkte hinzu. Drucker und Scanner, Bohrmaschinen und Geschirrspüler, Autos und Zahnbürsten oder Lockenwickler können heute Messdaten an den Hersteller zurückspielen und im Gegenzug dem Nutzer Mehrwerte bieten. Service kann so am Zwischenhändler vorbeigeleitet werden. Dies ist zwar gar nicht zwingend vom Kunden gewünscht, aber erodiert allmählich den Service-Verkauf. Nicht nur bei Rasierern wird das Hauptgeschäft mit den Klingen und nicht nur bei Druckern der Gewinn mit Tinte und Toner erzielt.

In einer Studie für den Bundesverband E-Commerce und Versandhandel e.V. hat der dänische Thinktank Copenhagen Economics im Jahr 2021 erstmals den „economic impact of E-Commerce“ berechnet. Die überraschende Erkenntnis ist, dass ein deutlicher Effekt gar nicht nur im Einzelhandel, sondern entlang der Wertschöpfungskette entsteht. Und nicht nur bei den direkt handelnden Unternehmen, sondern auch bei den beteiligten Dienstleistern.

Dass das Bruttoinlandsprodukt als wesentliche Betrachtungsgröße klassischer Wertschöpfung zur Berechnung von Digitalisi erungsvorteilen wenig taugt, ist längst anerkannt. Da hier vor allem Gewinne von Unternehmen und Löhne und Gehälter einfließen, kann die Verkürzung der Wertschöpfungskette im ersten Schritt sogar zu einer Verringerung des BIP im Handel führen. Auch neue Geschäftsmodelle wie Sharing-Economy oder digitale Abos statt Einzelverkauf von Büchern und Medien reduzieren einerseits die im Markt erzielbaren Preise und verringern anderseits das Handelsvolumen. Dem steht jedoch eine Erhöhung des Wohlstands gegenüber im Sinne von verfügbarem und anderswo eingesetzten Einkommen.

Der BIP-Eintrag des E-Commerce ist also nur mittelbar vollständig zu erfassen und reicht obendrein nicht hin. Die Verringerung der eingangs erwähnten gewinnwirksamen Erlösströme im Handel ist schwer berechenbar. Hier grob vereinfacht am Beispiel dargestellt: Ein Lagerwertausgleich aufgrund von Abwertungen schmälert den Gewinn der Hersteller, erhält ihn hingegen im Handel. Präzisere Produktion durch bessere Kundenkenntnis verringert hingegen den Aufwand im Handel bzw. erhöht dort die Produktivität, was potenziell in höherem Gewinn resultiert. Von einem ohnehin schwer quantifizierbaren ökologischen Bonus bzw. Malus nicht zu sprechen.

Das auf allen Seiten eingesparte Kapital geht anderweitig ins BIP ein. Bei den Konsumenten durch einen breiteren Warenkorb oder werthaltigeren Einkauf, in der Wertschöpfungskette durch bessere Stückkosten oder mehr Innovation.

Solche Betrachtungen sind notwendig, um die volkswirtschaftliche Chance einer digitalen Umkehrung der Handelswertschöpfung zu verstehen, aber auch die Übergangsprobleme zu ermessen. Mit der Disruption werden Arbeitsplätze im Handel verloren gehen. Damit gerät auch der Lohnanteil am BIP-Beitrag des Handels unter Druck.

Das kann man beklagen und durch staatliche Interventionen oder Investitionen aufzuhalten versuchen. Je stärker ein Land jedoch Wertschöpfung in der Produktion findet, gerade hier auch seine Innovationskraft ausspielt, umso höher wird die Digitalisie rungsrente ausfallen.

Das Land, das hier am konsequentesten und damit im globalen Maßstab am herausforderndsten antritt, sind nicht die USA, sondern China. Der Staat hat einen Wettlauf in Richtung Plattform-Industrialisierung ausgerufen, der mit Milliarden Dollar gefördert wird. Die Konsumgüterhersteller wie die Schwerindustrie, die Automobilhersteller wie die Rüstungskonzerne und der Bergbau setzen auf Plattform-Ökosysteme. Mehrere Hundert davon sind entstanden – nicht alle werden überleben, aber diese quasi militärisch orchestrierte Innovation wird Chinas Platz als weltweit zweitgrößte (und vermutlich bald größte) Wirtschaftsmacht zementieren.

Und der Goldstandard der deutschen Industrie macht in China mit. Das gänzlich andere Regelwerk – das übrigens auch einen Datenschutz kennt, wenngleich anders reguliert als in der EU – erlaubt Wertschöpfung aus Daten in einem Maß und einer Geschwindigkeit, die ihresgleichen sucht. Wenn die EU-Initiative „Gaia-X[38]" (von Deutschland mit einem zweistelligen Millionenbetrag ausgestattet) in mehreren Jahren produktiv wird, dürfte China enteilt sein.

Nirgendwo sonst auch wird der Handel so radikal herausgefordert. Alibaba hat mit der Xunxi-Fabrik[39] das Portersche Prinzip umgekehrt. Nicht mehr der für China (im europäischen Blick) typische Massenfertigungs- und Massendistributions-Ansatz bildet

---

38 https://www.bmwi.de/Redaktion/DE/Dossier/gaia-x.html

39 https://www.onlinemarktplatz.de/197961/alibaba-eroeffnet-neue-digitale-fabrik-fuer-die-fertigung-von-kleinserien-mit-hoher-flexibilitaet/

hier den Ausgangspunkt, sondern Myriaden von kleinen Zellen, in denen Designer kundennah Produkte entwickeln und in kleinen Losgrößen vertreiben. Ein hochautomatisierter Prozess, bei dem die Fertigungspläne unterschiedlichster vergleichbarer Produkte (z. B. Bekleidungsstücke) zusammengefasst und automatisiert mit maschineller Unterstützung gefertigt werden. Verkauft vom Designer direkt über die Plattformen, die auch Marketing und sogar Vertrieb über regionalen Handel „as a Service" mitliefern. Demand-Chain statt Supply Chain.

Seine Stärke erfährt das Modell durch die konsolidierende Plattform, auf der alle Daten jederzeit für alle in Echtzeit zur Verfügung stehen. Das „Alibaba OS", das Marketing-Services, Logistik, Payment und weitere Elemente der Handelswertschöpfung vereint.

Dabei haben wir auch in Deutschland Unternehmen, die solche neuen Wertschöpfungsketten heute schon organisieren. Die HOMAG Group etwa, ein typischer deutscher hidden champion, Weltmarktführer für Maschinen zur Holzbearbeitung aus Schopfloch im Nordschwarzwald. Innovationsschwerpunkte sind in den letzten Jahren Software und Apps, aber auch Maschinen für hochautomatisierte Fertigung in Losgröße 1. Beides gehört zusammen, und gerade in der Holzbearbeitung geht die Entwicklung zum sog. „Nesting", bei dem verschiedene Arbeitsschritte in einer Maschine zusammengefasst werden können.

Die HOMAG Group hat mit ihrem Corporate Start-up tapio.one das gesamte Ökosystem der Möbelfertigung neu gedacht – von der Planung durch den Kunden selbst über assistierte Systeme im Handel zur Einbindung von Tischlereien mit „Legacy Systemen". Bis hin zu solchen Details wie Labelung einzelner Komponenten, durch die eine für Kunden (B2B wie B2C) stets nachverfolgbare und nachvollziehbare Zuordnung der Komponenten möglich wird.

Dass das Arbeitsplätze kosten wird, räumt HOMAG unumwunden ein. Die Wertschöpfung kann dies jedoch durch höherwertige Produkte, vielfältigere Fertigung und eine Aufwertung der Maßarbeit gegenüber Massenproduktion kompensieren.

Wo aber liegt in dieser „post-Porter-period" der Mehrwert des Handels?

Formal steht die Logik der Wertschöpfungskette nicht zur Disposition. Primäre und unterstützende Aktivitäten bleiben potenziell intakt. Durch das Internet ist aber die Kette zum Netz geworden, sodass jegliche Teilleistung isoliert erbracht werden kann. Auch das ist keine Neuigkeit, tritt aber immer deutlicher in Augenschein, je mehr Leistungen „as a Service" oder „aus der Cloud" bezogen werden können.

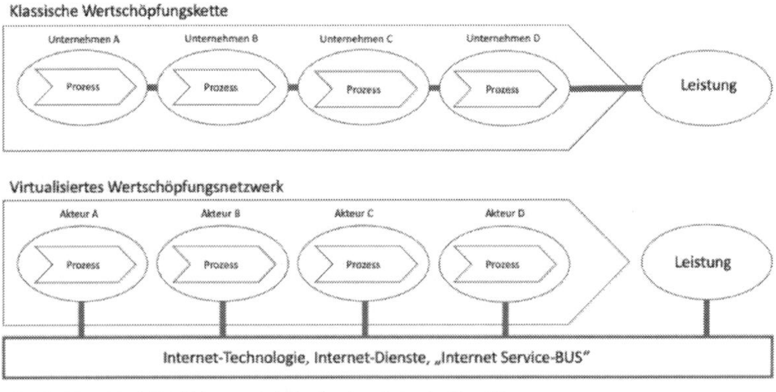

Abb. 2: Klassische und virtuelle Wertschöpfungsnetze. Nach: Scheer/Loos, Internetbasierte Geschäftsmodelle

Betrachtet man den Handel unterm Brennglas, werden viele der typischen Funktionen, die in einem Ladengeschäft stets zusammengefasst als wertbildend erschienen, aufgelöst. Wenn Raum und Zeit im Digitalen aufgehoben werden, rechtfertigen Bevorratung und Sortimentierung, Vereinzelung und Warenübergang nicht mehr die Existenz der Innenstadt klassischer Prägung.

Obsolet ist der Laden indessen nicht – er kann sogar eine deutlich wichtigere Rolle im Wertschöpfungsprozess des Handels einnehmen. Aber ausschließlich in einem Geschäftsmodell, das im Kern digitale Prozesse treibt und nutzt und gerade deshalb die Fläche von Regal-Funktionen entlasten kann. Beratung statt Bevorratung, rückwirkende Transformation von analogen in digitale Daten, kundennahe Prozesse statt systemgetriebene Raster: Der Laden als Touchpoint für immer neue Inszenierungen. Als Baustein, um Produkte nach Maß des Kunden zu entwickeln. Als Garant für Geschwindigkeit und Erreichbarkeit in Bereitstellungsvorgängen.

Beispiele dafür kommen heute eher aus dem E-Commerce denn aus dem stationären Handel – die Neuerfindung der Innenstadt aber wird bislang von den traditionellen Kräften diskutiert.

Für die Stadtplanung und die Politik ist das Bürde und Hürde. Gerade sie könnte und müsste die Bürgerschaft digital errichten. Stadt war immer der Ort der Sicherheit – welche Verantwortung erwächst daraus für Authentifizierung und Autorisierung (Stichwort e-ID und distributed ledger[40])? Stadt war immer der Ort der sicheren Versorgung – wie kann sie der Ort sein, wo Übergänge und Übergaben auch sensibler Produkte und Leistungen jederzeit geschützt stattfinden können (integrierte Gesundheitsdienste)? Stadt war immer der Ort der Begegnung und der Markt mindestens so sehr der Ort der Information wie der Transaktion und dadurch der Ort, wo Gesellschaft zueinanderfindet. Wie kann die Stadt diese Funktion bewahren und verhindern, dass Gesellschaft in endlose Filterblasen zerstiebt?

Sicher ist: Eine Belastung des E-Commerce durch Steuern und Sonderabgaben ist kein Weg nach vorne. Experimentierfreude und Investitionsbereitschaft, die den E-Commerce prägen, könnten sich in einer Innenstadt entfalten, die auch von der

---

[40] https://wirtschaftslexikon.gabler.de/definition/distributed-ledger-technologie-dlt-54410

Immobilienwirtschaft nicht nach Kapitalisierungslogiken des Betongold-Zeitalters entwickelt wird.

Das sind die Aufgaben für Handel, Politik und Gesellschaft im 21. Jahrhundert.

Meine Bausteine

Fertigungsprozesse als integraler Bestandteil von E-Commerce-Geschäftsmodellen erhalten Priorität.

Industrielle Fertigung ab Losgröße 1 hat das Potenzial, die klassische Handelswertschöpfung komplett zu verändern. Die Beschäftigung mit Industrie 4.0, dem Internet of Things und korrespondierenden Plattformen jeglicher Provenienz ist Pflicht im Handel.

Der Mehrwert des Handels als Intermediär zwischen Hersteller und Kunde muss neu definiert werden.

"Beratung und Bevorratung" genügt als Begründung für analoge Handelsmodelle nicht mehr. Digitale Technologien erlauben hochpersonalisierte Beratung direkt am Kunden, hochperformante Logistik ersetzt die kundennahe Lagerung.

Die Emotionalisierung des POS – online wie stationär – erfolgt über die Kontextualisierung.

Der Mehrwert liegt für den Kunden darin, dass sich Services und ggf. Produkte an seine konkreten Bedürfnisse anpassen. Die Wertschöpfung kehrt sich von einer Supply-Chain in eine Demand-Chain um, in der der Handel als Agent der Kunden auftritt. In diesem Fall ist die datenschutzkonforme, zustimmungsgebundene Datenanreicherung eine faire Bedingung für den Kunden.

Persönliche Nähe, die digital und analog erlebt werden kann,

begründet neue vertikale Geschäftsmodelle im E-Commerce.

Einzelhandel und Innenstädte

Dietmar Hölscher

Gerade der Einzelhandel ist in der aktuellen Situation gebeutelt. Auch wenn es schwerfällt die vielen harten und teilweise ungerechten Einzelschicksale in der jetzigen Situation bei Seite zu schieben, so ist dies meines Erachtens doch notwendig, um einen klaren Blick auf die Situation und vor allem auch einen kreativen Blick in die Zukunft werfen zu können.

Denn eines ist klar die Innenstädte sterben schon lang. Schon in meiner Jugend wurden Leerstände beanstandet und in den letzten 30 Jahren wurden Dinosaurier des Einzelhandels wie Karstadt Kaufhof immer wieder mit unseren Steuergeldern gerettet. Leider wurde bisher aber kein Pfennig oder später Cent dafür verwendet die Symptome zu heilen.

Befassen wir uns daher einmal mit den Symptomen aus meiner subjektiven Sicht, die zum größten Teil von Studien bereits bestätigt wurde. Denn warum gehen Menschen in die Stadt und das seit Jahren? Warum sind einige Städte erfolgreicher als andere? Und vor allem was können wir daraus lernen?

Damit der Leser mich ein wenig geografisch verorten kann, beschreibe ich meinen Wohnort Coesfeld mal als ein kleines Mittelzentrum, mit ca. 37.000 Einwohnern nördlich des Ruhrgebietes. Gelegen zwischen Münster und den Niederlanden. Die nächsten Einzugszentren liste ich der Einfachheit halber einmal in einer Tabelle auf:

Stadt	Entfernung (geschätzt)	Einwohner (geschätzt)
Winterswijk (NL)	35 km	30.000
Münster	45 km	315.000
Enschede (NL)	60 km	160.000
Oberhausen (Centro)	70 km	210.000
Essen	80 km	585.000
Düsseldorf	100 km	620.000
Osnabrück	100 km	165.000
Köln	140 km	1.086.000

Dies sind die Städte, wo Coesfelder gerne Einkaufen gingen. Ich möchte die Gründe einmal betrachten, warum ich und viele im Bekannten- und Familienkreis die lange Wegstrecke auf sich nehmen. Denn der Grund, weil es sowieso um die Ecke ist, gilt hier nicht. Die Gründe für die lange Anreise zeigen also sehr eindrucksvoll die Beweggründe hinter der Nahversorgung auf.

Beginnen wir einmal mit Winterswijk, diese Stadt direkt an der Grenze zu Deutschland ist sogar noch kleiner als meine Heimatstadt, dennoch fahren hier regelmäßig Menschen aus einem Umkreis von bis zu 150 km zum Einkaufen hin. Dabei gibt es eigentlich keine besonderen Geschäfte, die es woanders nicht gibt. Aber es gibt einen großen Markt rund um die kleine Kirche inmitten der Stadt, viele Bars und Cafés mit riesiger Außengastronomie, gemischt mit Geschäften und eine

Fußgängerzone, die zu einer großen Runde Bummeln einlädt. Alles ist in einem eher traditionellen Stil gehalten und wirkt absolut nicht modern. Eine typische belebte Altstadt also mit einem Flair, das die Menschen anzieht. Und neben den obligatorischen Ketten gibt es viele kleine Boutiquen. Und die Gastronomie ist eher lokal geprägt, hier gibt es kein Vapiano & Co. Es ist ein Vergnügen, dorthin zu fahren, zu flanieren, Essen zu gehen und einzukaufen.

Kommen wir nun zu Münster, sicherlich eine der schönsten Einkaufsstädte in Deutschland. Aber warum? Denn auch Münster hat einen hässlichen Karstadt und nicht gerade einladende neue Arkaden. In Münster gibt es Geschichte an allen Ecken. Münster hat eine riesige Universität, die mitten in die Stadt integriert ist. Keinen Campus. Münster ist durchmischt an vielen Vierteln. Es gibt das Hafenviertel mit viel Gastronomie und Wasser, das Kuhviertel mit urigen Kneipen, das Kiepenkerl Viertel mit exklusiven Geschäften und natürlich den Prinzipalmarkt, der vielen durch den Münster Tatort bekannt sein dürfte. Münster bietet einfach viel zu sehen und viel zu unternehmen. Ich kann hier stundenlang durch die Gassen schlendern und da stört der Karstadt am Ende des Tages auch gar nicht mehr so sehr.

Um nach Enschede zu fahren, ist es schon ein wenig weiter, dennoch fuhren hier vor der Pandemie immer noch Hunderte Coesfelder jede Woche zum Einkaufen hin. Stellen Sie sich Enschede wie Winterswijk vor, nur halt 5-mal größer. Enschede hat ein Einzugsgebiet von bis zu 200 km. Und wer einmal dort war, weiß warum.

Noch ein wenig weiter weg ist das Centro in Oberhausen das größte Einkaufszentrum in Deutschland. In den ersten 20 Jahren nach der Errichtung war es wegen der Größe und weil es damals etwas Besonderes war ein absoluter Massenmagnet. Doch in den letzten Jahren ging hier die Faszination zurück. Es ist einfach nicht mehr zeitgemäß und altert schlecht.

Mit Essen gab es noch eine Alternative, aber leider fehlt der Innenstadt auch jeglicher Charme und es gibt kaum noch besondere Geschäfte. Ähnlich sieht es in Bochum aus, dort haben Sie aber noch da sogenannte Bermudadreieck. Hier geht es aber mehr ums Feiern und weniger ums Einkaufen.

Düsseldorf hat die KÖ und natürlich die sagenumwobene Altstadt. Es ist mir wohl eher persönlich geschuldet, dass ich, wenn ich schon so weit fahre, die letzten 40 km bis nach Köln auch noch gern auf mich nehme.

Köln steht natürlich für den Dom, den Rhein und den Heumarkt. Früher waren es auch die Schildergasse und Co. Aber leider ist hier auch nur langweiliger Einheitsbrei übriggeblieben. Die schiere Größe zählt noch. Und ja, es gibt in Köln unzählige Fleckchen, die echt sehenswert sind. Allerdings so weit verstreut, dass der typische Coesfelder sie nicht sofort findet. Trotzdem hat die Stadt einfach eine riesige Anziehungskraft in die ganze Welt hinaus. Und dennoch hat sie ihre Probleme an den ehemaligen 1A-Standorten.

Was zeigen uns also in diese Städte? Richtig, die Altstadt. Übrigens auch der einzige Grund, um einen Ausflug nach Osnabrück zu machen. Dies belegt auch eine aktuelle IFH Studie. Die Altstadt zeichnet hierbei Folgendes aus:

- Architektonisch gemütlich und einladend.
- Verwinkelt, aber in sich geschlossen, es gibt etwas zu entdecken.
- Ein wilder Mix aus Gastronomie, Wohnen, Einkaufen, Märkten und Kultur.
- Wenig große Ketten, da die Ladenfläche oft zu klein ist.

Kurz gesagt: Es gibt Leben auch nach Ladenschluss.

Wenn wir dies doch alles wissen, warum handeln wir dann nicht danach?

Es ist fehlender Mut und Kurzsichtigkeit. Auf der einen Seite gibt es die Immobilienbesitzer, deren kurzfristiges Streben nach Profit sorgt dafür, dass die Mieten immer weiter steigen und die Mietverträge immer langfristiger und immer lieber an die großen Ketten vergeben werden. Das macht kurzfristig Sinn. Auch ergibt es aus dieser Perspektive Sinn, einen Betonquader zu bauen. So kann jede große Kette einfach Ihr Corporate Identity (CI) ausrollen und die Fläche so gestalten, wie sie es will.

Daraus entstehen aber nachhaltige Probleme für die Innenstädte. Wenn in jeder Stadt dieselben Ketten genauso aussehen wie in jeder anderen Stadt, dann ist die Stadt und das Viertel komplett auswechselbar. Es gibt nichts Neues zu entdecken. Es fehlt der Flair, das Gewachsene, das durcheinander. Und viele große Marken, die sich genötigt sehen, in Altstädten trotzdem zu mieten, zeigen dort, wie flexibel und wandelbar sie sein können.

Wir müssen also einfach aufhören, zu viel zu planen. Innenstadtrelevant, Supermärkte raus aus der Stadt immer größere Flächen, diese Konzepte gehen nicht mehr auf.

Kommen wir zurück in unsere kleine Stadt mit den knapp 37.000 Einwohnern. Wir sind nur wenig größer wie Winterswijk, eigentlich haben wir alles, eine historische Altstadt, Wasser in der Innenstadt, Ruinen und eine Promenade, die um die ganze Stadt führt. Wir haben sogar Geld, im Rahmen von EU-Fördermitteln haben wir für den Fluss, der durch die Stadt führt, viel Geld[41] erhalten. Was passiert nun aber? Außer, dass man sich besinnt, dass der Fluss wertvoll ist, hat man sich bemüht, gegen alle anderen Erkenntnisse zu verstoßen. Alles aus Beton anstatt dem

[41] https://www.coesfeld.de/wirtschaft-bauen/planung/regionale-2016/berkelstadt-coesfeld/urbaneberkel/

traditionellen Sandstein aus der Umgebung. Alles modern und clean und wenig einladend. Und nicht eingebunden in die vorhandene Struktur der Stadt. Ein Flickenteppich.

Aber lassen wir meine kleine Stadt einmal außen vor. Stellen wir uns doch lieber die Frage, warum wenn wir doch so viele Erkenntnisse haben, handeln wir entgegengesetzt?

Leider habe ich hier noch keine Antwort gefunden, nur Fragmente sind bekannt. Z. B. das Problem mit Städteplanern und Architekten, die ihren ganz eigenen Stil prägen wollen, anstatt auf alt bewährtes zu setzten. Die Immobilienbesitzer wurden ja schon angesprochen. Und dann noch die Politik, auf der einen Seite umzingelt von egoistischen Lobbyisten und auf der anderen Seite von oft überflüssigen Beratern. Ohne den Mut, Menschenverstand walten zu lassen. Wie sonst kommt so viel hässliche Kunst in unsere Städte?

Die Bausteine für eine attraktive Innenstadt liegen quasi auf der Hand. Und Experten wie Boris Hedde vom Kompetenzzentrum für Handel und Vitale Innenstädte[42] müssten nur gefragt werden. Daher hier:

Meine Bausteine für die attraktive Innenstadt

- Architektonisch gemütlich und einladend, gewohntes, geliebtes und wenig Neues.
- Verwinkelt, aber in sich geschlossene Stadtwelten.
- Ein wilder Mix aus Gastronomie, Wohnen, Einkaufen, Märkten und Kultur.
- Nicht zu große Ladenflächen.

Als Einzelhändler kann ich aber nur bedingt die Stadt um mich

[42] https://www.vitail.de/

herum ändern und darauf sollte ich mich auch nicht verlassen. Daher muss ich für mich und meine Geschäftsidee auch attraktiv werden. Es reicht nicht mehr, nur Nahversorger in der Innenstadt zu sein. Schon gar nicht, wenn die Parkplatzprobleme nicht gelöst sind. Die einfache Frage, die ich mir als Einzelhändler stellen muss, ist was bewegt einen Interessenten in mein Geschäft? Lassen wir an dieser Stelle mal zwei Aspekte außen vor. Und zwar Preisführerschaft und den Fakt, das es für viele einfach bequem, weil nah ist.

Die Preisführerschaft ist wenig nachhaltig und es wird immer bequemer online zu bestellen und immer schwieriger einen Parkplatz zu finden auf den ein modernes Auto auch noch genügend Platz findet.

Wie schon bei den Innenstädten muss ich mich fragen, warum geht jemand in mein Geschäft, wenn die anderen Aspekte einmal außen vor sind? Was biete ich auf der Fläche, was ich online nicht oder nur schwer bieten kann? Es ist das Einkaufserlebnis mit allen Sinnen. Hier kann ich den Kunden empfangen, begeistern, verwöhnen, beraten, überraschen und so weiter.

Daraus lässt sich auch einfach ableiten, was man alles nicht mehr tun sollte. Für das, was man tun sollte und könnte, gibt es keine allgemeine Regel, denn wenn alle dasselbe machen, das Thema hatten wir ja schon in den Innenstädten. Aber etwas, das alle gemein haben sollten, wäre der Verkäufer, der berät und verführt, etwas das es kaum noch gibt. Jemand, den ich im Laden fragen kann, was mir z. B. steht und der mich fachmännisch berät, dem Partner einen Kaffee und einen Sitzplatz anbietet. Okay, ich gebe zu, diesen Verkäufer gibt es kaum noch. Sagen wir besser einen Berater oder noch besser einen Customer Happiness Manager.

Im Kapitel der C.L.U.B-Methode weiter hinten im Buch, finden Sie eine komplette Anleitung, wie sich Ihr Unternehmen auf den

Kunden von heute und morgen einstellen kann.

Wie sehen solche neuen Konzepte aber aus und was kann ich daraus für mein Geschäft ableiten? Ich habe dazu einmal zwei neue Ansätze herausgesucht.

Beginnen wir mit einer Paketabholstation. Heute ist dieser Bereich oft irgendwo am Rand des Geschäftes platziert, bei Ikea muss ich momentan sogar 10 Euro fürs Abholen zahlen und andere Postboxen werden gern an Tankstellen, die an viel befahrenden Straßen liegen, gebaut.

Hier reduziert sich alles auf den reinen Zweck des Abholens. Aus dieser Perspektive alles richtig gemacht. Umso größer die Abholstation ist, umso eher macht sie anderen Konkurrenz und umso schneller ich mein Paket bekomme, umso schneller bin ich wieder weg und nutze es öfter. Doch wenn ich immer daheim im Homeoffice bin, dann lasse ich es mir doch lieber direkt nach Hause senden.

Aber hier lasse ich aus vielerlei Perspektiven mögliche positive Kundenerlebnisse außer Acht. In Helsinki eröffnete im November 2019 ein aus meiner Sicht bahnbrechendes neues Konzept, das genau an diesen Punkten ansetzt, die „Posti Box[43]“.

Mit der Posti Box wird das Einkaufen zum Erlebnis. Die Posti Box ist dabei mehr als eine Paketstation. Es gibt Umkleideräume, natürlich riesige Paketschließfächer, einen Recycling-Bereich, Ausstellungsräume für Waren, einen Versandbereich und einen Kiosk.

Wenn ein Kunde z. B. online eine Kleiderbestellung aufgegeben hat, kann er die Kleidung sofort anprobieren. Wenn die Kleider passen, ist das großartig. Wenn sie nicht passen, kann der Kunde

[43] https://box.posti.com/en/

sie sofort zurückgeben, ohne dass er erst nach Hause gehen muss. Auch andere Arten von Bestellungen können sofort bei Box geöffnet werden. Die Kunden können die Verpackungsmaterialien dort lassen, um sie zu recyceln oder von anderen Kunden verwendet zu werden. Das Verbraucherverhalten der Finnen hat sich deutlich verändert. Früher fehlte ein Stück zwischen dem Online-Shop und der Wohnung. Mit der Posti Box wurde nun ein Raum geschaffen, der diese Lücke schließt. Verschiedene Unternehmen nutzen auch Flächen für Pop-up-Stores, um auf das eigene Angebot hinzuweisen.

Nachhaltigkeit ist ein weiteres Thema denn Besucher können bei der Posti Box ihre Pakete im Auspackbereich öffnen oder verpacken. Hilfreiche Werkzeuge wie Scheren, Klebeband und Stifte sind in den Regalen verteilt, während Pakete und Umschläge in Regalen darunter aufbewahrt werden. Verpackungsmaterialien können auch kostenfrei aus der Recyclingzone der Posti Box wiederverwendet werden.

Aber es gibt noch viel mehr zu entdecken wie beispielsweise einen angrenzenden Eventbereich. Macht das nicht Lust, es einmal auszuprobieren? Und wie einfach wäre es, diese Idee auch in ein vorhandenes Einzelhandelskonzept zu integrieren. Allein der Vorteil, Verpackungsmaterialien zum Teil kostenfrei nutzen zu können, ist schon ein Grund für viele, dieses Konzept zu nutzen, da wird das Paketabholen zum Erlebnis und zur Möglichkeit, gleich auf vielfache Weise Zusatzgeschäft zu generieren.

Nehmen Sie dieses Beispiel einmal und denken Sie über Ihr Geschäftsmodell nach, wie könnten Sie die Grenzen unerwartet Sprengen und zu einem Einkaufserlebnis werden?

Zwei wichtige Entwicklungen dominieren seit einigen Jahren den Handel: Produkte und Services können überall gekauft werden, online im Internet, in verschiedenen stationären Geschäften oder auch online beim Hersteller. Es herrscht vollkommene Preistransparenz und es kann alles zum günstigsten Preis gekauft werden. Auf der anderen Seite wandelt sich unsere Gesellschaft immer mehr wie schon zuvor beschrieben in eine Erlebnisgesellschaft.

Produkte zu kaufen ist nicht mehr ausreichend. Viele Menschen erwarten Erlebnisse beim Einkaufen und mit dem Produkt. Erlebnisse, an die sie sich erinnern, wie z. B. in der Posti Box oder den vorgenannten Altstädten. Diese Gier nach dem Erlebniseinkauf wird befriedigt in neuen Themenrestaurants, Boutique-Hotels, Pop-up-Stores, Showrooms und vielen anderen Orten. Was aber bedeutet diese Entwicklung für das stationäre Geschäft?

Erfolgreiche Konzepte in der ganzen Welt Zeichen sich bereits durch die zwei folgenden Eigenschaften aus:

- Der physische Raum eines Geschäftes ermöglicht dem Kunden, handels- und markenspezifische Erlebnisse zu haben, die in der Online-Welt so nicht abgebildet und erlebt werden können.
- Geschäfte bieten Möglichkeiten, eine Vielzahl kognitiver, emotionaler und auch physischer Erlebnisse zu haben. Das kann kein anderes Format.

Die digitale Konkurrenz wird dabei immer größer und bietet zukünftig Lösungen und Erlebnisse, auf die wir im Einzelhandel vor Ort schon heute nicht mehr setzen sollten, wie:

- Nachschublösungen und Abo-Dienste: Innerhalb der nächsten Jahre werden sich intelligente Nachschublösungen für Produkte des täglichen Bedarfs entwickeln. Wir werden uns nie wieder fragen, ob wir Milch im Kühlschrank oder Waschmittel in der Waschküche haben. Abonnementprogramme werden unsere täglichen Produktanforderungen sehr effizient und effektiv erfüllen.
- Immersives Einkaufen: Zusätzlich werden sich immersive

Einkaufserlebnisse entwickeln, bei denen die Produkte über Augmented Reality angesehen werden können. Wir werden Möbel und Mode online bestellen, denn haptische Technologien geben uns die Möglichkeit, das zu berühren und zu fühlen, was wir kaufen, bevor wir es kaufen. Der Einsatz von Virtual- oder Augmented-Reality-Technologie in unserem Haus oder Büro zum Einkaufen und zur Kontaktaufnahme mit Produktexperten wird in zehn Jahren so üblich sein wie heute das Einkaufen in einem physischen Geschäft.

- Künstliche Intelligenz: Intelligente Algorithmen stellen sicher, dass die Produkte, die wir kaufen, fast immer ideal zu unserem Körper und unserem Geschmack passen. Und eine schnelle und kostenlose Lieferung über verschiedene Verkehrswege bringt jedes Produkt innerhalb weniger Minuten an unsere Haustür.

Wenn wir jetzt aber von einigen wenigen Produkten abgesehen, nicht mehr die Notwendigkeit haben, in physische Läden zu gehen, um uns Produkte anzusehen, auszuprobieren, zu vergleichen und zu kaufen, dann muss der physische Einkaufsraum, das Geschäft zum Medium, um emotional anregende Erlebnisse zu vermitteln werden.

Diese sollten auf die Vermittlung von Markengeschichten durch Engagement und mehrfache sensorische Inputs sowie Möglichkeiten für immersive und kinetische Produkterlebnisse abzielen.

Sie können als Eingang zum Marken-Ökosystem von Produkten, Dienstleistungen und Einkaufsalternativen dienen.

Das Geschäft muss ein Ort für die erste und zweite Unterhaltung und zu unserem dritten Ort werden. Ohne eine starke Betonung der Unterhaltung haben die Kunden wenig Grund, überhaupt ins Geschäft zu gehen. Als Konsequenz heißt das, dass der Einzelhändler, um in

Zukunft überlebensfähig zu sein, diesen Ansatz darauf anwenden, wie sie ihre physischen Räume planen, entwerfen, bauen und betreiben: in erster Linie Erfahrungen und Erlebnisse und in zweiter Linie Produkte.

Trotz des Bedarfseinkaufes, der überwiegend online und wie oben beschrieben ablaufen wird, bleibt der Einkauf im stationären Handel weiterhin ein wichtiges Ritual. Gerade weil der Mensch einen Großteil seiner Zeit in der postdigitalen Welt online verbringt, ist Einkaufen ein analoges und vor allem sinnliches Kontrastprogramm. Auch, wenn die Erlebnisse im stationären Handel auch durch innovative digitale Technologien verstärkt werden müssen.

Der Erlebnis- und Unterhaltungswert, also der Erlebniseinkauf, wird zum entscheidenden Faktor beim Shoppen. Man trifft sich mit Freunden und der Familie, geht ins Café oder Essen und noch zum Shoppen. Dort kann man gemeinsam etwas erleben (social shopping). Die Menschen tauchen in eine spezifische Erlebniswelt ein, die oft stärker als rationale Kriterien wie Produkt und Preis das Einkaufen bestimmt.

Meine Bausteine für den Einzelhandel

- Social Shopping
- Weg vom Verkäufer hin zum Unterhalter und Berater
- Konsequentes auflösen aller Barrieren des eigentlichen Einkaufs zwischen allen Kanälen
- Physische Mehrwerte wie vermessen, Haptik und testen
- Einführung in die neue immersive Welt

Auszüge des Interviews während der Recherche, zu diesem Buch. Den Link zum vollständigen Interview finden Sie am Ende dieses Kapitels.

Interview mit Boris Hedde zum Thema Chancen für die Innenstadt

Nicht in Warensortimenten denken, sondern in Stadtfunktionalitäten

Innenstädte digitalisieren ist ein Thema, zu dem Hedde gleich mehrere Projekte am Laufen hat. Die Belebung von Innenstädten nach Corona ist eine große Aufgabe. Denn Handel ist nur eine Facette von vielen, die Leute in die Stadt bringt.

Der lokale Handel hat eine Chance

Innenstädte gleichen sich sehr, sie sind fast auswechselbar. Was die Menschen anzieht, sind nicht die typischen Einkaufsstraßen, sondern die Orte, die die Stadt einzigartig machen. Gleichzeitig wollen die Menschen auch die großen internationalen Marken antreffen.

In letzter Zeit ist die Sensibilität der Käufer gewachsen, um den lokalen Handel und auch kleine Geschäfte zu unterstützen. Außerdem zählt der soziale Faktor, der eine gewachsene Wertigkeit hat. Der mittelständische Handel hat eine echte Chance. Dabei brauchen wir einen anderen Ansatz. Alte Strategien funktionieren nicht mehr.

Neue Konzepte für den Handel

Sicherlich hat der Lockdown dazu geführt, dass das Thema „Zuhause“ als wertig erlebt wird. Der lokale Handel hat zu diesem neuen Gefühl eine direkte Bindung. Sich daheim wohlfühlen und sich mit wertigen Dingen zu umgeben, sind totgeglaubte Mechanismen, die neu erwacht sind. Ohne lokale Fachhändler ist es schwierig, die Wertigkeit der Marken und Produkte zu vermitteln. Die Frage ist nun, ob das auch digital möglich ist.

Innovation im Kampf gegen den Leerstand

Concept Stores und neue Ideen sind gefragt, um einen zentralen Leerstand zu befüllen. Eine Kombination aus Shopping und digitalem Service. Der Entertainment-Charakter zieht mehr Leute an – das sind auch die Kunden für die weiteren Händler im Umkreis. Dafür braucht es passende Strukturen.

Es besteht die Möglichkeit, dass durch das Thema Homeoffice auch totgeglaubte Standorte eine Renaissance erfahren. Von anderen Flächen werden wir uns aber auch verabschieden müssen. Das ist ein weiterer Trend.

Leerstand wurde in Bremen durch einen großen Award mitten in der Corona-Zeit bekämpft. 33 Einreichungen, aus denen Ecofair als Sieger hervorging. Das Konsortium will ein Kleinkaufhaus mit nur nachhaltigen Produkten eröffnen.

Auch kleinere Städte sahen sich vor diese Probleme gestellt, besonders nach der Karstadt Kaufhof Krise. Als Lösung sieht man, Flächen weiterzugeben, die wie eine WG aus verschiedenen Kategorien funktionieren. Die Mitarbeiter sind hier nicht an einen Laden gebunden, sondern arbeiten flexibel in den verschiedenen Abteilungen.

Neue Konzepte für die Stadtfunktionalität

Des Weiteren muss in Konzepten agiert werden, die Flächen müssen minimiert werden. Immer interessanter sind regionale Produkte und Handwerk. Das gilt sowohl für traditionelle als auch für neue Geschäftsideen. Das Warenhaus in der Größe, wie wir es heute kennen, war schon immer eine Herausforderung und nur mit Mühe in dieser Größe machbar. Bestimmte Etagen könnten heute

als Lager genutzt werden und so umfunktioniert werden. Das sind neue Modelle.
Man sollte nicht in Warensortimenten denken, sondern in Stadtfunktionalitäten. Eine Idee ist, in der Innenstadt von Köln eine große Fläche als zentrales Lager als Hub für die E-Commerce-Aktivitäten zu nützen. Der Abholpunkt in der Innenstadt, der mit dem Fahrrad erreichbar sein soll, kann mit einer langen Reihe an Freizeitangeboten zusätzlich interessant gemacht werden.

Auch die Politik findet Rahmenbedingungen, die eine Bereitschaft zur Aktion fördern.

Das ganze Interview finden Sie im dcommerce Blog, den Podcast auf itunes, spotify und google podcast und das Video unter youtube jeweils im dcommerce Channel:

https://dcommerce.blog/2021/06/digitale-revolution-boris-hedde/

Auszüge des Interviews während der Recherche, zu diesem Buch. Den Link zum vollständigen Interview finden Sie am Ende dieses Kapitels.

Interview mit Marcus Diekmann - Handelsevolution vom Katalogversender zur Onlinemacht und dann in den stationären Handel

Bereits vorletztes Jahr war Diekmann mit seinem allerersten Bike, das ihm Erwin Rose geschenkt hat, unterwegs. Erwin ist 78 Jahre alt und der Gründer von Rose. Einen kleinen Laden in Bocholt hat er damals durch einen Katalog revolutioniert. Das war der erste Meilenstein des Unternehmens. Er wurde plötzlich zur Bibel in der Radsportbranche.

Dann ging der nächste Schritt los mit Steffi, seiner Tochter. Sie hat 97 den Entschluss gefasst, dass der Katalog nicht mehr reichte und den ersten Online-Shop eröffnet. Es war noch alles sehr statisch und es gab sehr strikte Auflagen, um dem Katalog nicht untreu zu werden. 2008 wurde dann auch der E-Commerce professionalisiert, seit 2011 gibt es gar keinen Katalog mehr.

Mit dem Schwiegersohn Thorsten ist die nächste Revolution gestartet. Thorsten hatte das Gespür, dass es in Zukunft nicht mehr reichen würde, markenübergreifende Händler zu sein. Aus Rose wurde also ein echtes Brand mit Rose Bekleidung und Rose Fahrräder. So wurde Rose vom markenübergreifenden Händler zur echten Eigenmarke.

Mit Anatol, dem Produktchef, geschah die vorletzte große Revolution. Er hat nicht nur Funktion, sondern auch Design eingebracht. Viel Liebe zum Detail und coole Produkte.

„Dann kamen wir“, sagt Marcus Diekmann. Was dem Unternehmen fehlte, waren Speed und Fokus in einer immer schnelleren und dynamischeren Welt. Rose war zu dem Zeitpunkt in 13 Ländern präsent. „Nach vier Wochen haben wir entschieden, es war besser, fünf Länder zu erobern, als 13 halbherzig anzugreifen. Gleich im ersten Jahr hat sich die Entscheidung gelohnt. Wir hatten acht Länder weniger und 25 Prozent mehr Umsatz. Es war sehr mutig von der Familie Rose, damals auf uns zu hören.“, erklärt Diekmann.
Get big, get specialized or get out. Auch der E-Commerce konnte entsprechend entwickelt werden. Hier drei Beispiele:

1. Zehn Millionen Besucher im Jahr sind wir mittlerweile 22 Millionen geworden. Nächstes Jahr werden es 25 Millionen sein.

2. Der gesamte Shop wurde innerhalb von zwei Jahren vollkommen überarbeitet.

3. Es wird nur noch im Team gearbeitet.

„Ich bin auch der Meinung, wir brauchen eine Rückwärts-Revolution.“, sagt Diekmann. Kunden wollen vor Ort kaufen. Deshalb wird Rose in nur einem Jahr von 14 auf 34 Shops wachsen. Darunter drei in Österreich, zwei in der Schweiz und einer in Holland. Alle anderen in Deutschland. Damit wird Rose in jeder größeren deutschen Stadt vertreten sein.

Stark ist auch der Glaube an das Netzwerk mit ECE. Gemeinsam wird für den Erfolg gekämpft. „Netzwerk heißt auch, sich nicht immer mit denselben Leuten zu treffen, sondern mit denjenigen, die Erfahrung in der Branche haben und von ihnen zu lernen.“, erklärt Diekmann.

Rose war schon immer transformationsbereit und offen. Das gilt nicht für alle. Veränderung ist keine Kritik an der glorreichen Vergangenheit. Für die Zukunft muss man bereit sein, weiterzugehen. Die meisten halten Veränderungen für das

Wohlbefinden Einzelner auf. Dann kann es an der Zeit sein, sich von jemandem zu trennen. Diekmann kann auch nicht verstehen, dass man Probleme sehen kann, ohne Veränderungen herbeizuführen. Das ist der Weg, um mit offenen Augen ins Verderben zu laufen. Seine Strategie ist keine Demokratie, sondern Geschäftsführung.

Das ganze Interview finden Sie im dcommerce Blog, den Podcast auf itunes, spotify und google podcast und das Video unter youtube jeweils im dcommerce Channel:

https://dcommerce.blog/2021/06/digitale-revolution-markus-diekmann/

Payment

Von Ziegen zur unsichtbaren Zahlung: Die Zukunft des Payments

Jens H. Plath

Haben Sie schon einmal versucht, mit einem Geldschein zu parken? Natürlich, Sie könnten Glück haben, dass der Parkautomat ihren Geldschein annimmt – was in den seltensten Fällen zutrifft. Oder Sie klemmen den Schein einfach hinter den Scheibenwischer Ihres Fahrzeugs? Das Kontrollpersonal (oder sonst wer) würde sich sicher freuen – ein Knöllchen gäbe es im Zweifel dennoch. Ähnlich verhält es sich mit Kreditkarten oder Debitkarten. Diese werden noch seltener überhaupt akzeptiert an Parkautomaten. Und natürlich stellen Sie dies erst fest, nachdem Sie lange einen Parkplatz gesucht haben und 200 Meter durch den Regen zum Automaten gewandert sind. Sie kennen das.

In der Schweiz nutzt im Jahr 2021 bereits jeder zweite TWINT, das mobile Bezahlsystem der Schweizer Banken. TWINT-Nutzer bezahlen nicht nur per TWINT-App am Parkautomaten, sondern sie »twinten« sich den Parkschein, während sie noch bequem im Auto sitzen. Sie öffnen die App, bestätigen Ihre Parkposition, wählen die voraussichtliche Parkdauer aus und bestätigen die Zahlung. Das Kontrollpersonal kann Ihr gültiges Parkticket anhand ihres Fahrzeugkennzeichens nachvollziehen. Wenn Sie vor Ablauf Ihres bezahlten Zeitraums den Parkvorgang abbrechen, erhalten Sie sogar den Restbetrag wieder gutgeschrieben.

Vielleicht kennen Sie Parking-Apps, die ähnlich funktionieren. Der digitale Parkticketkauf ist ein gutes Beispiel, wie die Digitalisierung Alltagsroutinen nachhaltig verändert. Wer sich einmal an die neue Art, einen Parkschein zu ziehen gewöhnt hat, wird das übliche Hervorkramen von Münzen von da an als extrem rückständig und altmodisch empfinden. Entsprechend herrscht zurzeit ein enormer Wettbewerb unter den Parking-Apps: Wer schafft es, sowohl die Kommunen als auch die Konsumenten gleichzeitig von seiner Lösung für ein digitalisiertes Parking zu überzeugen?

In der Schweiz scheint dieser Wettbewerb vorerst entschieden zu sein: TWINT ist hier die mit Abstand meistgenutzte App, die Menschen zum Parken nutzen. Eine Payment-App? Wie kann das sein?

Innovationen im Zahlungsverkehr haben schon immer den Alltag von Menschen erheblich beeinflusst

Bezahlung für Waren und Dienstleistungen ist ein essenzieller Bestandteil menschlichen Zusammenlebens. Die ersten Transaktionen fanden dabei in vorgeschichtlicher Zeit mit Warengeld statt, also etwa 3 Ziegen und 5 Scheffel Getreide für eine Kuh. Später setzten sich Metallmünzen als Tauschmittel durch mit radikalen Veränderungen für den Alltag der Menschen. Nun ging man nicht mehr mit Viehherden zum Einkaufen auf den Marktplatz, sondern einfacher und schneller mit Münzgeld, dessen Wert weiterhin von Materialwert und Herstellungskosten definiert wurde. Jeder Marktplatz hatte seine eigenen bevorzugten Münzarten. Fremde Münzen mussten daher in der Regel zunächst kostenpflichtig beim Geldwechsler gewechselt werden.

Erst mit der Einführung von Papiergeld im mittelalterlichen China und ab dem 17. Jahrhundert in Europa entkoppelte sich der Wert des Zahlungsmittels selbst von der zugeschriebenen Kaufkraft der Banknote. Der Wert des Geldes, der sich aus der Knappheit ergibt, wurde nun nicht mehr durch die Herstellungskosten determiniert, sondern durch ein Monopol auf die Banknotenemission, welches spätestens ab dem 19. Jahrhundert in Europa von den Zentralbanken ausgeübt wurde. Diese Form von Geld nennt man Fiatgeld. Papiergeld hat gegenüber Münzen ganz offensichtliche Vorteile in der praktischen Handhabung: Auch größere Beträge zeichnen sich nun nicht mehr durch Gewicht und Volumen aus, was wiederum bequemer, schneller und auch sicherer ist. Allerdings muss das Papiergeld auch von den Händlern eines Marktplatzes akzeptiert werden, um damit zahlen zu können. Hier zeigt sich wieder, dass Zahlungsmittel und Marktplatz eng miteinander verknüpft sind.

Buchgeld vermeidet Raub und Diebstahl

Eine wesentlichere Innovation im Zahlungsverkehr stellte die Erfindung des Buchgelds dar. Buchgeld entsteht durch Einzahlung von Bargeld auf ein Bankkonto bzw. durch die Vergabe von Krediten auf einem Bankkonto. Zahlungsvorgänge mit Buchgeld finden durch Buchführung statt: Das eine Konto wird belastet, auf dem anderen Konto wird gutgeschrieben, ohne dass ein Austausch von Bargeld stattfindet. Dies hat in der Anwendung viele Vorteile: Das wertvolle Bargeld muss nicht mehr physisch zum Empfänger transportiert werden, wobei es dem Risiko von Diebstahl, Raub und sonstigem Abhandenkommen ausgesetzt wäre. Um dies zu vermeiden, wurden schon im Mittelalter Wechsel als Zahlungsmittel eingeführt, die Buchgeldtransaktionen repräsentierten zwischen bestimmten Gläubigern und bestimmten Schuldnern und Begünstigten. Im Gegensatz zur Bargeldtransaktion kommen hiermit zwei bis heute wichtige neue Elemente zur Zahlungstransaktion dazu: Zum einen müssen für die Transaktion die beiden beteiligten Personen bzw. Parteien fehlerfrei identifiziert werden und ihrem Konto zugeordnet werden. Zum anderen kann die Ausführung der Buchung zeitlich der Warenübergabe nachgelagert stattfinden, sodass der Gläubiger die Kreditwürdigkeit des Schuldners einschätzen können muss.

Payment Schemes ermöglichen neue Arten von Marktplätzen

Um diese bargeldlosen Transaktionen zu ermöglichen, sind entsprechende Netzwerke von Banken notwendig, die sich auf Standards und Regeln zur Abwicklung solcher Zahlungen einigen, die heute sogenannten Payment Schemes. Als Vorläufer der Payment Schemes könnte man die ursprünglichen Bankennetzwerke entlang der Handelsrouten und Marktplätze ansehen, welche den Kaufleuten das Leben durch Wechsel und Schecks vereinfachten, natürlich gegen Gebühren auf jede Transaktion.

Dass jeder Mensch ein Bankkonto besitzt und damit Zugang zum bargeldlosen Zahlungsverkehr hat, ist eine relativ neue Vorstellung. Bankkonten waren für die breite Masse zunächst vor allem Geldaufbewahrungskonten. Geldüberweisungen, etwa durch Überweisungsträger als Form des bargeldlosen Zahlungsverkehrs sind zwar ebenfalls seit jeher üblich, allerdings sind diese aufgrund ihrer zeitlichen Verzögerung von mehreren Tagen für viele Marktplatz-Geschäfte ungeeignet. Ein Kauf »auf Rechnung« mit späterem Überweisungseingang setzt immer voraus, dass der Gläubiger (hier: der Händler) auf den späteren Zahlungseingang des Schuldners hinreichend vertrauen kann. Hierzu muss der Händler den Kunden zum einen wiederum eindeutig identifizieren, und zum anderen dessen Kreditwürdigkeit einschätzen können, was für einen einzelnen Anbieter mit ständig wechselnder

Laufkundschaft nahezu unmöglich ist. Zwar gab es schon seit Ende des 19. Jahrhunderts die Reiseschecks, die einen sichereren Transport als Bargeld darstellten, da sie als personengebundenes Zahlungsmittel eingesetzt werden konnten. Doch weder die Reiseschecks noch später die Euroschecks erfreuten sich größerer Beliebtheit im täglichen Zahlungsverkehr. Dafür waren sie zu unhandlich.

Plastikkarten vereinfachen das Bezahlen

Aus diesem Grund setzte sich seit den 50er-Jahren die Kartenzahlung durch, zunächst vor allem im US-Markt. Diese Plastikkarten hatten von Beginn an vor allem zwei Funktionen: Zum einen identifiziert sich der Kontoinhaber durch Vorzeigen der Karte. Zum anderen erhält der Zahlungsempfänger, im Fachjargon Händler oder Merchant genannt, einen Nachweis, dass der Kunde die Zahlung veranlasst hat, zunächst durch Kundenunterschrift auf der Rechnung. Eine weitere Innovation der Kreditkarte war, dass dem Inhaber auch eine Kreditlinie eingeräumt wurde. So konnte sich einerseits der Merchant auf den Zahlungseingang verlassen, ohne selbst die Kreditwürdigkeit des Kunden einschätzen zu müssen. Andererseits verschaffte diese Kreditlinie dem Kunden auch eine erhöhte finanzielle Flexibilität. Höhere Ausgaben für Anschaffungen oder Ferien konnten von nun an sehr einfach über mehrere Gehaltszahlungen hinweg gestreckt werden.

Die Kreditkartenschemes, wie z. B. VISA und Mastercard gemeinsam mit den angeschlossenen Privatbanken und Geschäftsbanken, ermöglichen also Bezahlvorgänge, die noch einfacher als Bargeldzahlung sind (kein Geldzählen, kein Wechselgeld) und gleichzeitig sowohl für den Kunden als auch für den Händler eine Risikoabsicherung und erhöhte Flexibilität mitbringen. Diesen Service ließen sich die Banken und Schemes gut bezahlen, sowohl von den Kunden als auch von den Händlern.

Kreditkarten hatten noch einen weiteren Vorteil: Mit ihnen ließen sich auch bequem Zahlungstransaktionen durchführen über Distanz. In Sekunden konnte eine Zahlung per Telefon durchgegeben werden und bestätigt werden und schon war der Flug gebucht oder das Paket bestellt und bezahlt. Seit den Siebzigerjahren finden diese Autorisierungen und die Verarbeitung der Transaktionen bereits in digitalisierter Form statt. Dieses Distanzgeschäft in Verbindung mit elektronischer Abwicklung der Transaktionen ermöglichte erst den Boom einer ganz neuen Branche seit den Neunzigerjahren.

Digitalisierung des Alltags durch digitales Payment

Seit den Neunzigerjahren setzt sich das Internet als Massen kommunikationskanal durch. Aber erst durch die notwendigen Innovationen im digitalen Payment konnte sich das Web auch als kommerzieller Absatzkanal im Massengeschäft, dem sogenannten Business-to-Consumer (B2C) etablieren. Barzahlung war für ein solches Distanzgeschäft ungeeignet, Überweisungen verzögerten den Versandprozess bei physischen Gütern bzw. den Freigabeprozess für digitale Dienstleistungen und digitale Güter (etwa Zugriffe auf Inhalte von Webseiten) erheblich. Kauf auf Rechnung mit späterer Bezahlung funktionierte vor allem für Stammkunden, von denen es aber naturgemäß für die neuen Onlineshops noch nicht viele gab.

Die Kreditkarten waren zwar geeignet für das Distanzgeschäft, allerdings gestaltet sich die direkte Verarbeitung von Kreditkartenzahlungen für die meisten Onlineshops aufgrund der hohen regulatorischen Anforderungen der Kreditkartenwirtschaft und der Finanzaufsichten als schwierig bis unmöglich. Eine neue

Generation von Zahlungsinfrastrukturanbietern, den Payment Service Providers (PSP) entstand und bildete gemeinsam mit den Onlineshopsystemen und Versandanbietern ein zunehmend komplexes Business Ecosystem des neu entstehenden E-Commerce, also des Onlinehandels.

Branche für Branche verlagerte sich der Umsatz von den physischen zu den digitalen Marktplätzen und Onlineshops. Auch hier dominierten bereits früh solche Marktplätze, die den Check-out, also den Kassenbereich, besonders gut gelöst hatten – allen voran, besonders auch im deutschsprachigen Bereich: eBay und Amazon. Beide Unternehmen zeichnen sich bis heute nicht nur durch ein extrem breites Sortiment aus, sondern durch besonders komfortables, einfaches und sicheres Bezahlen. Payment war bei den führenden E-Commerce-Plattformen tief und innovativ integriert: eBay verfügte mit PayPal über ein eigenes Bezahlsystem, bei welchem das Zahlungsmittel einmal hinterlegt wird und dann sehr einfach darauf an der Kasse referenziert werden kann. Statt bei jedem Kauf erneut die Kreditkartendaten eingeben zu müssen, reicht ein einfaches Passwort. Für kleinere Beträge ist nicht einmal dieses notwendig – unabhängig davon, an welchen Verkäufer innerhalb des eBay - Ecosystems die Zahlung geht. Auch die Lieferadresse ist bereits hinterlegt und kann auf Wunsch an den Verkäufer mitgeliefert werden. Der Marktplatz bildet gemeinsam mit dem Payment Service Provider eine Infrastruktur, deren Qualität den Erfolg aller Händler des Marktplatzes determiniert. Das galt für eBay genauso wie auch für Amazon. Auch Amazon verfügt über bestehende Kundenkonten mit eigener Payment Infrastruktur und kann damit den Einkaufsprozess so schnell und einfach gestalten wie kaum ein zweiter Anbieter.

Das digital Wallet, also das digitalisierte Portemonnaie der integrierten Paymentanbieter beinhaltet somit neben verschiedenen Zahlungsmitteln auch den persönlichen Identifikationsausweis mit geprüften Versandadressen. Außerdem findet sich dort mit zunehmender Nutzung auch eine Art Kontoauszug aller vergangenen Transaktionen. Nutzer können sich damit Transparenz verschaffen, aber auch der Betreiber des digital Wallets hat zunehmende Transparenz über die finanziellen Möglichkeiten des Kunden – und kann damit wiederum dessen Kreditwürdigkeit einschätzen.

Erst Payment macht aus Kommunikation auch eine Transaktion

Das integrierte Zahlungssystem – mit seinen Bausteinen Kundenidentifikation, Daten zur Kreditwürdigkeit und Abwicklung von Zahlungsvorgängen – stellt also für jede Art von digitalem Plattformgeschäftsmodell eine zentrale Funktion dar. Es sind aber genau diese Plattformgeschäftsmodelle, welche die digitale Revolution in exponentiellem Tempo voranschreiten lassen: Kaum haben jemals einzelne Unternehmen derart unsere alltäglichen Routinen so revolutioniert wie eBay und Amazon, aber auch Facebook, Google und Apple. Allen diesen Unternehmen ist gemeinsam, dass sie ein eigenes Payment System als Kernelement ihres Geschäftsmodells integriert haben. Und das ist kein Zufall.

Denn erst Payment macht aus einem digitalen Kommunikationsprozess auch einen Transaktionsprozess – und damit letztlich erst ein Geschäft. Ohne Paymentprozess ist es höchstens Werbung im weitesten Sinne. Die rein durch die Vermarktung von Werbeflächen finanzierten Geschäftsmodelle der letzten zwei Jahrzehnte, wie z. B. Suchmaschinen, Contentportale, Kommunikationstools und jegliche Formen sozialer Netzwerke, sind inzwischen so stark konsolidiert und ausgereift, dass nach den bahnbrechenden Innovationen seit den Neunzigern von dieser Seite kaum noch revolutionäre neue Veränderungen zu erwarten sind.

Unter den weltweit wertvollsten börsennotierten Unternehmen finden sich 2021 auf den ersten 15 Plätzen deswegen mindestens 10 Unternehmen, die entweder digitale Paymentdienstleistungen direkt anbieten (z. B. Apple, Amazon, Google, Samsung, Tencent, VISA, Samsung, Mastercard) oder aber als Kernelement in ihr Angebot integriert haben (z. B. Microsoft, Facebook). Da der Börsenwert bekanntlich die zukünftige Entwicklung eines Unternehmens repräsentiert, ist also offensichtlich von gerade solchen Unternehmen eine wichtige Rolle in der digitalen Revolution zu erwarten.

Durch die digitale Vernetzung entstehen neue Marktplätze, die wiederum ihre eigenen Zahlungssysteme hervorbringen. EBay und Amazon sind Marktplätze für physische Konsumgüter, Apples iTunes für digitale Apps, Dienste und Medien und Facebook und Google schufen Marktplätze für Werbung und Aufmerksamkeit.

Payment als Nukleus für Innovation von Alltagsroutinen

Moderne Plattformgeschäftsmodelle haben also verstanden, dass Zahlungsintegration der Nukleus für Innovation sein kann. Die Bausteine der Zukunft lasen sich in diesem Zusammenhang wie folgt beschreiben:

Zukunftsbausteine

- **User Experience**

Digitalisierung und digitale Integration ermöglichen es, bisher aufwendige oder komplizierte Alltagsroutinen wesentlich zu vereinfachen und angenehmen zu gestalten.

Beispiel: Früher musste man für die Fahrt vom Bahnhof nach Hause etwa telefonisch ein Taxi vorbestellen, dann mit dem Fahrer über Fahrtziel, Route und schließlich den Preis verhandeln, um anschließend festzustellen, dass er doch nur Bargeld nimmt, da das Kartenlesegerät wahlweise im Kofferraum, defekt oder nur gegen Aufpreis zur Verfügung steht. Den Fünfziger kann der Fahrer selbstverständlich gar nicht oder nur in Münzgeld herausgeben. Heute lässt sich der gesamte Prozess über eine App abwickeln: Von der Vorbestellung über die Fahrtpreisermittlung bis zur Zahlungsbestätigung braucht der Kunde nur wenige Taps und Swipes auf dem Smartphone. Sicher, die zusätzlichen Informationen und Bewertungen zum Fahrer und Fahrzeug sind hilfreich, aber der »Check-out«, also der Bezahlungsvorgang am Ende der Fahrt, macht den eigentlichen Unterschied in der wahrgenommenen Bequemlichkeit: Das gute Gefühl, dass der Fahrtpreis bereits zu Beginn der Fahrt feststeht, die einfache Bestätigung von Fahrpreis (und Trinkgeld) mit nur einem Swipe vermeidet unangenehme Diskussionen und unvorhergesehene Verzögerungen am Ende der Fahrt. Der Fahrgast kann entspannt die Fahrt genießen – das Thema Bezahlung ist in der digital integrierten Welt »aus dem Weg«.Das perfekte Zahlungserlebnis ist also jenes, das der Nutzer gar nicht mitbekommt. Dies klingt zunächst logisch, ist doch die Beschäftigung mit Zahlungsvorgängen etwas, was wohl kaum jemand als besonders unterhaltsam empfindet. Eine Einschränkung gibt es aber dennoch: Viele Kunden möchten das Gefühl von Kontrolle über den abgerechneten Betrag behalten. Daher ist – besonders bei größeren Beträgen – die Präsentation des Betrages und die einfache Bestätigung empfehlenswert.

- **Payment on Demand**

Die Zahlung nach Verbrauch klingt zunächst wenig innovativ, zahlen wir doch üblicherweise die Dinge, die wir brauchen bzw.

kaufen. Spannend wird es aber, wenn Prozesse »on Demand« abgerechnet werden, die bisher primär per Pauschalgebühr (z. B. Monatsbeitrag) oder durch einmalige Anschaffungskäufe getätigt werden. Statt also etwa ein Fahrrad zu kaufen für den Stadtverkehr, miete ich mir eines für ein paar Minuten und zahle einen entsprechenden Minutenpreis. Die Herausforderung für solche Modelle, gerade bei nur gelegentlicher Nutzung, ist immer noch das Onboarding, also die einmalige Anmeldung und das Einrichten eines Kundenkontos mit hinterlegter Zahlungsart. Innovative Zahlungsanbieter (Payment Provider) bieten daher nicht nur die Abwicklung der Zahlung an, sondern werden gleichzeitig auch zu Identitätsanbietern (ID Provider). Möchten sich Kunden bei einem Anbieter onboarden, so verknüpfen sie nur noch ihr bestehendes Payment Konto des Payment/ID Providers mit dem Leistungsanbieter, z. B. einer App. Die notwendigen Kundendaten und das Zahlungsmittel werden übergeben und es kann losgehen, ohne auch nur einen Buchstaben oder eine Zahl eingetippt zu haben. Von nun an können auch Kleinstbeträge centgenau nach Verbrauch abgerechnet werden. Das funktioniert sowohl beim Onlineshopping bei kleineren, spezialisierten Anbietern mit viel Neukundenanteil als auch für Dienste wie Mobilität (Fahrrad, E-Scooter, Auto, Transporter).

Beispiel: Die App der Schweizer Bundesbahn «SBB App» bietet Kunden an, bei Fahrtantritt und Fahrtende den Standort per Geolokalisation anzugeben, die App ermittelt dann individuell den Fahrpreis und zieht ihn einfach vom hinterlegten Zahlungsmittel ein. Unterwegs liest der Fahrgast dann vielleicht noch digitale Zeitschriften und zahlt diese ebenfalls pro Artikel oder er schließt noch schnell speziell für die Reisedauer eine Reiseversicherung für ein paar Rappen ab.

Entscheidend ist hier wieder die tiefe Integration von User Experience und Payment, damit die Nutzer möglichst unterbrechungsfrei im

»Flow« bleiben können und nicht mehr durch aufwendige Onboardings oder Zahlartenhinterlegungen belästigt werden.

- **Payment Flexibility**

Neben der Vereinfachung der Frage, WER bezahlt (Identität) und WIE bezahlt werden soll (Zahlungsart) und von WO aus bezahlt wird (Präsenz oder Distanz) birgt auch der flexible Umgang mit der Frage WANN bezahlt wird ein erhebliches Innovationspotenzial. Gerade bei den Einzugzahlungen (Pull Payments) im On-Demand-Bereich findet in der Regel der tatsächliche Geldfluss dem Leistungsaustausch nachgelagert statt. Der Zahlungsanbieter garantiert jedoch in der Regel dem Merchant diese Zahlung, selbst wenn das Geld noch nicht geflossen ist. Dies ist bereits die einfachste Form eines Kredites, den der Kunde somit vom Zahlungsanbieter erhält. Der Zahlungsanbieter muss sich also hinreichend sicher sein, dass die Zahlung vom Konto oder der Kreditkarte des Kunden eingezogen werden kann. Die Einschätzung der Kreditwürdigkeit des Kunden ermöglicht also erst solche vereinfachten Kundenerlebnisse. Der flexible Umgang mit der Zahlung kann aber noch weit darüber hinausgehen.

Beispiel: Man denke etwa an Situationen, in denen sich Kunden Waren in verschiedenen Ausführungen (Größen, Farben) schicken lassen, um sich jeweils eine passende Variante auszusuchen und den Rest zurückzuschicken. Das ist sehr komfortabel aus Kundensicht – allerdings fühlt es sich für viele der Käufer nicht gut an, alle Varianten vorab zu bezahlen und später ggf. auf eine Rückerstattung zu warten. Angenehmer ist es, die gesamte Zahlung auf später zu verschieben und dann eben nur die Artikel zu bezahlen, die auch behalten werden. Buy now, pay later (BNPL) wird dieses Verhalten genannt, mit dem Versprechen »Pay what you keep«.

Hinzu kommt natürlich der Komfort, größere Ausgaben über mehrere

Monate (und Gehaltszahlungen) zu strecken. Die hierfür anfallenden Gebühren und Zinsen kann der Käufer zahlen oder auch vom Anbieter übernommen werden, um z. B. einen Wettbewerbsvorteil anstatt einer Preissenkung anbieten zu können. Wir sehen, Financial Flexibility bedeutet eben nicht unbedingt, dass Kunden Ausgaben tätigen, die sie sich eigentlich nicht leisten können. Viel häufiger geht es einfach um das Gefühl von Komfort und Bequemlichkeit beim Kunden, indem nicht der Kunde ins Risiko gehen muss, sondern der Leistungsanbieter bzw. wiederum der Zahlungsanbieter.

Die Digitalisierung des Payments ermöglicht ein gehobenes Maß an Flexibilität zur neuen Gestaltung von Alltagsprozessen, die eine Zahlungstransaktion beinhalten. Indem Anbieter Identifikations- und Zahlungsprozesse integrieren und vernetzen, schaffen sie neuartige Möglichkeiten, den Alltag zu vereinfachen und bequemer zu machen.

Super Apps – Marktplätze des mobil integrierten Lifestyles

Die ersten beiden Jahrzehnte des Jahrtausends wurden von den großen Marktplatz-Plattformen des Internets geprägt, welche Nachfrage und Anbieter, Konsumenten und Merchants zusammenbrachten und die notwendige Zahlungsinfrastruktur sicherstellten. Das Prinzip, die Kombination aus Marktplatz und Zahlungsinfrastruktur ist dabei nicht viel anders als schon in den vorherigen Jahrtausenden, nun aber verlagert in die virtuelle Welt des Internets, der Websites und Onlineshops.

Die Smartphones, deren Siegeszug erst im zweiten Jahrzehnt begann, bringen die digitale Welt wieder zurück in die physische, indem sie zum allgegenwärtigen Begleiter im Alltag der Menschen werden. Während zunächst das Internet der Desktop- und Laptop-Computer mühselig »mobilisiert« werden musste für die kleinen Touchscreens, entwickelten neue Nutzungsformen wie Messengerdienste und neue Social Networks, die über die mobilen Kameras, Mikrofone, Geolokalisation und andere Sensoren vor allem die reale Welt der Nutzer in den Fokus und in Szene setzen. In der mobil vernetzten Welt geht es damit weniger um die viel zitierten »unendlichen Möglichkeiten des World Wide Web«, sondern ganz konkret um die Vereinfachung des Alltags. Es geht um die Reduktion der Optionen auf die für mich als User relevantesten Entscheidungen. Alles andere soll im Hintergrund ablaufen, quasi »unsichtbar«.

Und gerade hierbei spielt ein tief integriertes Payment eine zentrale Rolle: Zur sicheren Identifikation bzw. Authentifizierung der Nutzer stehen eine Reihe von Schnittstellen und Daten zur Verfügung wie etwa biometrische Scans von Fingerabdrücken oder Gesichtern, Standortdaten und notfalls auch Passworten, die sich beliebig kombinieren lassen zur sogenannten Zwei-Factor-Authentification.

Auch zur Identifikation der Gegenseite der Transaktion in der physischen Welt stehen ebenfalls verschiedene Formfaktoren zur Verfügung: User können sich per Bluetooth Beacon vor Ort mit einem Merchant verbinden oder ihr Smartphone per Nahfeldkommunikation (NFC) mit einem Zahlungsgerät, dem Payment Terminal verbinden. Es geht aber auch noch deutlich simpler: Quick-Response-Codes, die sogenannten QR-Codes, sind zweidimensionale grafische Datenträger, die sich beliebig auf Bildschirmen anzeigen lassen oder einfach statisch ausgedruckt oder aufgeklebt werden können. Jedes Smartphone mit Kamera kann diese Zeichen einlesen und damit auch technisch eine Verbindung zwischen User und Merchant herstellen. Dieser Vorgang der Verbindung wird »Pairing« genannt.

Die Robustheit und Einfachheit der Zeichen machen QR-Codes im

Payment zu einem idealen Formfaktor, der sehr unabhängig von der eingesetzten Hardware, also etwa Typ des Smartphones, des Zahlungsterminals bzw. Kassensystems ist. Das hat den Vorteil, dass der Zugang zu Digital Payment »democratized« wird, wie man in Kalifornien sagt. Der Zugang zum Payment Ecosystem ist einfach und günstig und für jedermann möglich – ganz im Gegenteil etwa zu NFC, das von teuren Terminals abhängt und dessen Nutzung vom führenden Hersteller Apple für dessen Smartphones eingeschränkt ist. Dies ist wohl auch der Grund, warum sich QR-Codes vor allem in China und im gesamten asiatischen Raum im Payment durchgesetzt haben und die dortigen Payment Apps zu sogenannten »Super Apps« werden, allen voran WeChat Pay und Alipay. Diese Super Apps vereinen nicht nur verschiedenen Basisfunktionen wie Kommunikation, Bewertung und Zahlung. Darüber hinaus sind sie ein Marktplatz für Routineprozesse des Alltags. Mit einer solchen Super App begibt sich der User nicht mehr auf einen Marktplatz, wenn er die Intention hat, etwas zu kaufen. Die App ist derart umfassend in den Alltag integriert, dass der komplette Tagesablauf der Nutzer zum Marktplatz wird, auf dem Anbieter ihre Services und Waren anbieten können.

Ein fiktives Beispiel soll diese Alltagsintegration veranschaulichen:

Sarah geht morgens aus dem Haus. In ihrer Handtasche ist nur das Smartphone, ein Portemonnaie hat sie nicht dabei, Bargeld, Karten und Ausweise bleiben zu Hause. Über die Startseite ihrer Payment App ruft sie ein Miniprogram des Mobility Services auf, dass in ihre Payment App integriert ist wie eine Art App in App. Sie findet einen E-Scooter, der einen Block weiter steht. Dort angekommen scannt sie den QR-Code am E-Scooter mit ihrer Payment App und schaltet ihn damit frei. Ein Kundenkonto oder einen Log-In braucht sie sich dafür nicht anlegen beim Mobility Service: Alle benötigten Daten erhält dieser mit Sarahs Zustimmung direkt von der Payment App! Am Ziel angekommen beendet sie die Fahrt mit der App und erhält eine Bestätigung der erfolgreichen Zahlung. Für die anschließende Bahnfahrt in die Innenstadt checkt sie mit ihrer Payment App per Miniprogramm beim Bahnservice ein und am Ziel wieder aus. Der Ticketbetrag wird automatisch berechnet und die Zahlung erfolgt wiederum im Hintergrund.

Im Büro angekommen möchte sie einen Kollegen zum Lunch einladen, der heute Geburtstag hat. Über ihre Payment App ruft sie den Tischreservierungsservice auf und bestellt einen Tisch in ihrem Lieblingsrestaurant in der Nähe. Auch hier ist kein Log-in erforderlich. Name und Rückrufnummer wird automatisch bei der Reservierung übermittelt. Damit es später schnell geht, wählt sie auch gleich das Menü aus über die gleiche App.

Sarah wählt noch eine schöne Flasche Whiskey als Geschenk aus bei einem Weinversand, den sie über ihre Payment App gefunden hat. Mit der Bestellung übergibt sie auch gleich ihren Namen und die Büroadresse aus den in der App gespeicherten Lieferadressen an den Versandhändler. Auch die für die Bestellung notwendige Altersverifikation kommt von der Payment App. Auch hier braucht sie keinen weiteren Log-in. Bezahlt ist der Whiskey auch schon. Den Betrag teilt sie in der App schnell noch auf mit zwei Kollegen, die sich beteiligen wollen. Sie schickt ihnen den automatisch berechneten Anteil als Zahlungsanforderung an deren Payment Apps. Sekunden später erhält sie die Beiträge auf ihr Konto gutschrieben und dazu noch ein lustiges »Danke fürs Kümmern«-GIF-Bildchen.

Im Restaurant angekommen bekommen die beiden den besten Tisch, denn der Restaurantbetreiber weiß von der Payment App, dass Sarah VIP Status im Gastronomiebereich hat aufgrund der vielen Zahlungen in Restaurants und der guten Trinkgelder, die sie per App vergibt. Das

Essen kommt sehr schnell, der Kellner erläutert die Zubereitung. Über Preise oder Bezahlung wird nicht gesprochen. Darum kümmert sich Sarah mit ihrer Payment App. Sie löst dabei gleich noch einen Coupon ein, den sie für dieses Restaurant noch in der App hinterlegt hatte. Auch der Bewirtungsbeleg wird automatisch in der App hinterlegt.

In der Bahn auf dem Heimweg checkt Sarah noch schnell die Kurse ihres Wertpapierdepots in der Payment App und kauft noch ein paar Bitcoins nach, die gerade günstig sind.

Schnell noch im Supermarkt das nötigste kaufen! Die Waren scannt Sarah einfach mit dem in ihre Payment App integrierten Self-Scanner ein, bestätigt die Bezahlung in der App und verlässt ohne weiteres den Supermarkt. Natürlich profitiert sie auch hier automatisch von den Punkten auf ihrer virtuellen Kundenkarte des Supermarktes, die in ihrer Payment App hinterlegt ist.

Endlich zu Hause auf dem Sofa schaltet Sarah sich noch den neuen Film mit ihrem Lieblingsschauspieler über die Payment App frei.

Für all diese täglichen Routinen hat Sarah nur eine einzige App benutzt: Ihre Payment Super App. Wobei der Zahlungsprozess, die eigentliche Kernleistung des Service, fast schon in den Hintergrund rückt und quasi »unsichtbar« wird. Aber ohne die Identifikations-Services und Zahlungsprozesse der App, auf denen die integrierten Miniprogramms aufbauen, wäre dieser Tagesablauf so nicht möglich.

Mobile Payment in Mitteleuropa: Wird TWINT zur ersten Super App in Europa?

Was aus mitteleuropäischer Perspektive noch eher nach Zukunftsvision klingt, ist mit WeChat Pay und Alipay in China bereits alltägliche Realität. Trotz des Verweises auf den dort anderen Umgang mit Datenschutz muss man anerkennen, dass die Digitalisierung des Alltags in China in vieler Hinsicht schon weiter vorangeschritten ist als in Europa. Bargeld spielt bereits keine Rolle mehr, bezahlt wird mit dem Smartphone, die entsprechenden QR-Codes sind allgegenwärtig.

Während man in Deutschland von einer solchen Durchdringung von mobilen Zahlungen noch weit entfernt ist, ist die Situation in einigen Nachbarländern bereits deutlich weiter fortgeschritten. In Schweden zahlt man selbstverständlich mobil mit Swish, in Norwegen mit Vipps, in Dänemark mit einem System mit dem schlichten Namen Mobile Pay. Aber auch in der Schweiz zeichnet sich eine revolutionäre Veränderung ab – und gerade dort, wo das Zahlungsverhalten traditionell noch näher an dem der Deutschen ist mit einer Vorliebe für Bargeld und Kauf auf Rechnung. Seit 2017 steigen die Nutzerzahlen des mobilen Zahlungssystems TWINT rasant an. Innerhalb der ersten drei Jahre war die App bereits auf jedem zweiten Smartphone zu finden. Dabei konnte TWINT im Jahr 2020 sogar die globalen Tech-Giganten wie PayPal, Apple Pay und Google Pay weit hinter sich lassen.[44]

Mit TWINT kann man Geldbeträge kostenlos zwischen den Benutzern hin und herschicken, Person-to-Person oder kurz P2P wird das genannt. P2P Zahlungen per Smartphone stellen die erste Kerninnovation vieler Paymentsysteme dar, denn hier gibt es als Alternative lediglich den Austausch von Bargeld oder die Banküberweisung. Kartenzahlungen zwischen Privatpersonen sind nicht üblich. Die neue Art, im privaten Umfeld Geld zu senden oder anzufordern, hat also gleich ein ganzes Bündel von Zusatznutzen: Es geht sehr einfach und schnell, da einfach die Telefonnummer des Empfängers zur Identifikation verwendet wird

[44] Vgl. https://www.tagesanzeiger.ch/twint-haengt-paypal-und-apple-pay-ab-992659142204

(statt der IBAN Nummer). Es ist ortsunabhängig, der Betrag ist in Sekunden auf dem Konto des Empfängers – und es macht sogar Spaß: Denn ähnlich wie bei Messengerdiensten können Botschaften, Bilder oder lustige, animierte GIFs mitgeschickt werden. Kein Vergleich zum Briefumschlag mit Bargeld oder zur drögen Banküberweisung. Indem die Möglichkeiten einer Smartphone-App genutzt werden, die eine Plastikkarte oder ein Geldschein eben nicht haben, können diese digitalen Erlebnisse einer Zahlung damit deutlich attraktiver gemacht werden. P2P Payments sind ein Beispiel dafür, wie Digitalisierung und digitale Integration Alltagsroutinen nicht »technischer« macht, sondern im Gegenteil mehr Spaß, Menschlichkeit und Persönlichkeit in das Kundenerlebnis bringt. Viele der weltweit erfolgreichen digitalen Zahlungssysteme sind ursprünglich mit P2P Fokus entstanden wie beispielsweise PayPal, Venmo, Zelle, M-Pesa, WeChat Pay aber auch die skandinavischen Systeme Swish, Vipps und Mobile Pay.

TWINT in der Schweiz kann aber bereits deutlich mehr. Nutzer bezahlen nahezu überall und bei jeder Gelegenheit mit TWINT. Das funktioniert im Onlineshop, in der App beziehungsweise im mobilen Browser auf dem Smartphone, im Supermarkt oder im Restaurant genauso wie am Marktstand, im Bauernladen oder beim Eisverkäufer. Stets erfolgt die Zahlung durch einfaches scannen eines TWINT-QR-Codes, sei es vom Display des Zahlungsterminals oder von einem einfachen Aufkleber an der Verkaufstheke. Mit der TWINT App kann man digitale Gutscheine kaufen, an wohltätige Organisationen spenden, im Restaurant vom Menü auswählen, bestellen und bezahlen und – besonders beliebt: Parktickets lösen. In Kürze wird Sarahs Tagesablauf aus dem Beispiel oben also nicht mehr nur in China, sondern auch in der Schweiz möglich sein. TWINT wird damit zu einer der ersten Super Apps in Europa.

Der zugrundeliegende Wirkmechanismus ist klar: Je mehr Anwendungsmöglichkeiten im täglichen Gebrauch TWINT in der

App vereint, desto häufiger wird die App genutzt, desto mehr gewöhnt sich der Kunde daran und desto weniger ist der Kunde bereit, für einzelne Funktionen andere einzelne Apps zu benutzen, in denen wieder ein Download und ein Onboarding, also eine Kontoerstellung mit Hinterlegung von Zahlungsmitteln etc. notwendig wäre. Dies nennt man Lock-in-Effekt.

Gleichzeitig steigt mit steigender Anzahl von Nutzern die Attraktivität für weitere Nutzer, die App auch zu laden, als auch der Nutzen für Händler, mit der App zusammenzuarbeiten. Je mehr Händler die App bietet, desto mehr Nutzer werden wiederum sich für diese App entscheiden. Dieser sogenannte Netzwerkeffekt in Verbindung mit dem Lock-in Effekt sind die wichtigsten Treiber für jegliche Plattformgeschäftsmodelle und insbesondere für Zahlungsanbieter.

Ein weiteres Merkmal von Super Apps ist auch am Beispiel TWINT erkennbar: Wie auch die bekannten Plattformgeschäftsmodelle basiert TWINT auf einem Ecosystem-Ansatz. Business Ecosystems entstehen dadurch, dass nicht nur ein einzelnes, sondern mehrere Unternehmen kooperieren und ihre Dienste integrieren, um eine gemeinsame Value Proposition, ein Nutzenversprechen zu generieren. Häufig steht dabei eine Plattform mit bestimmten Schnittstellen, User Interfaces und Regeln im Zentrum des Business Ecosystems. Die Plattform lässt aber den angeschlossenen Unternehmen ausreichend Freiraum, um an den entstehenden Margen zu profitieren. Business Ecosystems sind kein neues Phänomen. Auch die klassischen Marktplätze können als solche angesehen werden. Neu ist in der digitalen Welt aber die tiefe Vernetzung und Integration der beteiligten Unternehmen, wie wir es etwa von eBay, iTunes oder Wordpress kennen. Im Zusammenhang mit dem Super App Konzept kommt dem Ecosystem-Ansatz noch einmal eine neue Bedeutung zu. Die Super App konzentriert die User Experience auf den kleinen Smartphone Screen und optimiert auf Übersichtlichkeit und schnelle, einfache Nutzbarkeit für Alltagsroutinen mit hoher Wiederholungsfrequenz. Die Marktplatz plattformen optimierten hingegen eher noch auf Vielfalt und Vollständigkeit des Angebots, wenn sicherlich beide Ansätze in Zukunft auch noch stärker konvergieren werden.

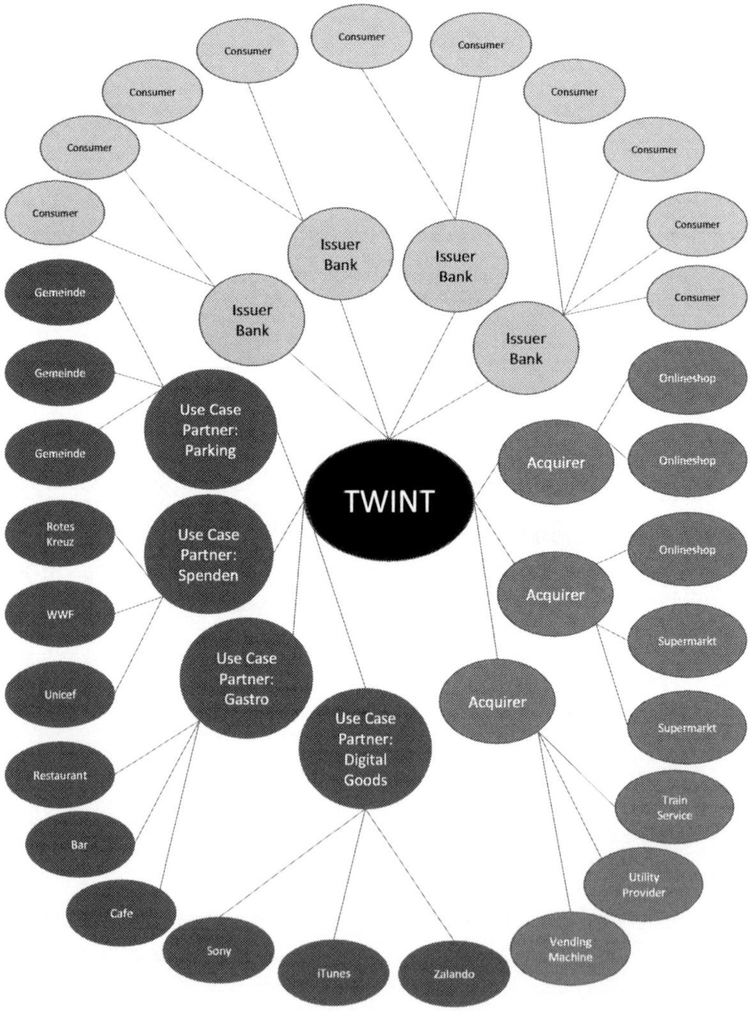

Abbildung 4: TWINT Business Ecosystem verbindet Konsumenten mit Händlern und Partnern für Anwendungsbereiche

TWINT ist als sogenanntes Four Party Payment Scheme grundsätzlich schon als Ecosystem aufgebaut: Die Privatkun denbanken (»Issuer«) sind für die Anbindung der Konsumenten durch die von ihnen herausgegebenen TWINT Apps zuständig und führen die Privatkundenkonten, die Händlerbanken (»Acquirer«) binden die Händler an das TWINT System an und führen deren Zahlungskonten. TWINT in der Rolle als Scheme organisiert die Regeln, nach denen Issuer und Acquirer die Zahlungen abwickeln und verantwortet Strategie, Funktionsentwicklung und den Markenaufbau von TWINT. Darüber hinaus bindet TWINT Partner für einzelne Anwendungen über standardisierte Entwicklungs
schnittstellen an, den APIs. Diese Partner sind häufig wiederum Plattformanbieter für spezielle Anwendungsbereiche wie etwa Spendenabwicklung, digitale Wertgutscheine, Essenslieferdienste, Gastronomielösungen oder Parking-Lösungen. Diese angeschlossenen Plattformanbieter aggregieren in der Regel selbst wieder eine größere Anzahl von Anbietern, die in ihrer Summe die gesamte Angebotskategorie abdecken. TWINT wird damit zum Aggregator von Aggregatoren, ein typisches Merkmal von Super Apps.

Kunden schätzen es, eine einzelne App zu haben, die ihnen jeden Tag in unterschiedlichen Situationen das Leben einfacher macht. Die Funktionsweise ist immer ähnlich und immer auf Simplizität optimiert. Neue Anwendungsmöglichkeiten können einfach genutzt werden, ohne Download, ohne Account anlegen, ohne Log-in, ohne sich Gedanken über Zahlung machen zu müssen. Einstiegspunkt ist immer die TWINT App. Entsprechend steigen die Nutzerzahlen von TWINT stetig. Das geht so weit, dass »twinten« in der Schweiz tatsächlich in die Alltagssprache übergegangen und für den Geldtransfer per App steht.

Der Zugang zu dieser breiten Zielgruppe ist natürlich für Händler und Partner sehr attraktiv. Und so entscheiden sich immer mehr kleine und große Anbieter für eine Partnerschaft mit TWINT, was wiederum die Attraktivität für neue Nutzer erhöht.

Möglich wird dieses konsistente Kundenerlebnis durch die Kombination aus Zahlungsplattform, Identitätsplattform und Kommunikationsplattform: Seit jeher die Grundbausteine für eine Marktplatz-Infrastruktur. Während Identität und Kommunikation noch relativ einfach aufzubauen sind, hat die Payment Infrastruktur die höchste Komplexität und benötigt den höchsten Aufwand. Das ist der Grund, warum Unternehmen mit einer eigenen Payment Plattform und eigenem Kundenstamm die besten Voraussetzungen haben, eine Super App aufzubauen.

Wie geht es weiter? Die Zukunft des Payments

Betrachtet man die Ergebnisse der bisherigen Ausführungen und konfiguriert die beschriebenen Bausteine der Zukunft des Payments neu, so lassen sich Thesen für mögliche Zukunftsszenarien entwickeln.

- **Payment bleibt spannend.**

Der Blick auf die Payment Super Apps macht klar, dass die Payment Innovationsstory noch lange nicht zu Ende erzählt ist. Allein auf Basis der heute üblichen und etablierten Technologien wie Smartphones und digitale Vernetzung von Services wird sich unser Alltag durch Payment Integration vereinfachen.

- **Payment Apps werden zentrale Kundenschnittstellen.**

Gleichzeitig wird der Einfluss der innovativen Paymentanbieter weiter zunehmen. Die etablierten Privatkundenbanken verlieren immer mehr den Einfluss auf ihre Kunden, da die Zahlungsanbieter mit ihren Apps eine viel höhere Nutzungsfrequenz aufzeigen als die klassischen Banking Apps. Da einzelne Banken kaum erfolgreich Payment Systeme allein aufbauen können, bleibt ihnen gar nichts anderes übrig, als in gemeinsame bankübergreifende Systeme zu investieren, wenn sie ihr Privatkundengeschäft gegen PayPal, Klarna, Google und Co. verteidigen wollen.

- **Globale Technologieunternehmen kämpfen um Führungsrolle im Payment**

Da Payment in der Digitalisierung eine solche Schlüsselrolle zukommt, werden die großen Technologieunternehmen versuchen, diese Schlüsselposition zu kontrollieren. Sie werden dabei vor allem die User Experience in den Mittelpunkt stellen, die durch ebenso tiefe wie standardisierte Integration mit ihren Ecosystemte ilnehmern erst ermöglicht wird. So hat PayPal[45] bereits angekündigt, zur Super App werden zu wollen und setzt dabei nun auch auf QR-Codes. Auch Google Pay entwickelt sich immer mehr zur Super App und konzentriert sich dabei auf die vernetzte Kundenschnittstelle.[46]

- **Neue Technologien vereinfachen Identifikation und Pairing**

QR-Codes sind sicher nicht das Ende der technischen Entwicklung. Bild- und Stimmerkennung als Beispiel funktionieren ebenso offen und unabhängig von der verwendeten Hardware. Zur eindeutigen Identifikation des Kunden könnte daher Biometrie wie Stimm- und Spracherkennung oder

---

[45] Vgl. https://www.handelsblatt.com/finanzen/banken-versicherungen/banken/bezahldienst-einkauf-und-geldanlage-paypal-will-zur-super-app-werden/26907528.html

[46] Siehe https://www.pymnts.com/news/payments-innovation/2020/google-super-app-wakeup-call/

Gesichtserkennung eine Rolle spielen. Letztere ist in China schon üblich unter dem Motto »Bezahle mit Deinem Lächeln«, in Europa aus Datenschutzgründen aber stark umstritten. Entscheidend wird hier sein, wie der Nutzer sein Einverständnis zur Identifikation signalisieren kann, ohne die Einfachheit der technisch möglichen Anwendung zu sehr einzuschränken.

Kundenseitig braucht es zur Zahlung an sich eigentlich nur wenig Technologie. Ist der Kunde eindeutig identifiziert, z. B. durch Biometrie auf seinem Smartphone oder anderem mobilen Gerät wie Uhr, Brille oder ähnlichem, muss lediglich das Einverständnis zur Zahlung eingeholt werden – wenn dies überhaupt notwendig ist. Die Kundenschnittstelle ist daher viel wichtiger für das Anzeigen von Optionen, die vor und nach der Zahlung eine Rolle spielen.

- **Payment wird unsichtbar**

Durch die Kombination aus Kundenidentifikation und Payment Flexibility innerhalb der Ecosysteme wird der Zahlungsvorgang gerade bei kleineren Beträgen immer weiter in den Hintergrund der User Experience rücken. Wir werden uns daran gewöhnen, bei kleineren Beträgen die Kontrolle abzugeben oder maximal einen kurzen Blick auf den Betrag zu werfen, wenn dieser im Hintergrund abgebucht wird. Gerade durch diese Bevorzugung von integriertem Payment wird die Macht der Paymentplattformen gleichzeitig zunehmen, da diese von den Lock-in und Netzwerkeffekten profitieren, die damit einhergehen.

Und was ist mit Kryptowährungen?

Bitcoin und Co. sind nach wie vor in aller Munde. Da liegt der Gedanke nahe, dass diese neue Art von Geld doch die Art, wie wir

Bezahlen wesentlich beeinflussen wird. So muss es aber nicht kommen aus den folgenden Gründen.

Zurzeit sind Kryptowährungen vor allem eins: Anlageprodukte und eben keine Zahlungsmittel. Ein Zahlungsmittel, das sehr stark im Wert schwankt, ist weder für den täglichen Zahlungsverkehr geeignet noch taugt es als Wertaufbewahrungsmittel. Vor allem wird es sich kaum gegen die stabileren staatlichen Währungen an der Kasse durchsetzen, da niemand gerne mit einem Zahlungsmittel zahlt, das gerade im Wert steigt und niemand gerne ein Zahlungsmittel annimmt, das gerade im Wert sinkt. Vor allem nicht, solange parallel eine wertstabile Alternative zur Verfügung steht.

Die digitalen Stablecoins, also Kryptowährungen, deren Wert z. B. an staatlich regulierte Währungen gebunden ist, bieten durchaus interessante Eigenschaften für den Zahlungsverkehr im Privatbereich. Solche Coins sind kein Buchgeld, sondern eher wie digitales Bargeld. Wer das Geld besitzt, hat den Wert tatsächlich in seiner digitalen Geldbörse statt einen Eintrag in einem Konto bei der Bank. Die Bank kann daher auch nicht ohne weiteres Gebühren abschöpfen z. B. für Währungsumrechnungen oder Buchungsvorgänge. Genau wie beim Bargeld heißt das aber eben nicht, dass Zahlungsverkehr dadurch plötzlich kostenlos wird! Auch für digitales Geld braucht es Innovationen in Infrastruktur, integrierte Prozesse und eine gute User Experience. Die Investitionen in diese Infrastruktur und der Betrieb will bezahlt werden, also werden auch hier Gebühren erhoben.

Dennoch kann diese Technologie Auslöser von Innovationen und Machtverschiebungen in der Paymentwelt sein. So hat beispielsweise PayPal Anfang 2021 angekündigt, Kryptowährungen nicht nur handeln zu können, sondern auch als Zahlungsmittel zuzulassen.[47] Hier bleibt abzuwarten, wie sich die Ideen und Diskussionen in den

[47] https://www.reuters.com/article/us-crypto-currency-paypal-exclusive-idUSKBN2BM10N

nächsten Jahren entwickeln und wer dann davon profitieren wird. Es bleibt also spannend.

Zusammenfassung: Payment öffnet Schranken

Die digitale Revolution muss bezahlt werden, letztlich natürlich vom Endkunden. Payment ist dabei aber nicht nur notwendiges Übel, sondern auch selbst Quelle für Innovationen die zu erheblichen Vereinfa-chungen, mehr Bequemlichkeit und mehr Flexibilität im Alltag führen.

Anhand der Geschichte der Innovationen im Zahlungsbereich lässt sich feststellen, dass Payment schon seit jeher ein wichtiges Element bei der Entstehung von Marktplätzen war und dabei immer wieder neu die Art und Weise, wie wir Menschen uns im Alltag bewegen, beeinflusst hat.

Die grundlegenden Bausteine der Zukunft des Zahlungsverkehrs sind die Vernetzung zu Zahlungssystemen, den Schemes mit ihren Business Ecosystemen, die Identifikation und Verbindung von Zahlendem und Bezahlten sowie die Einschätzung der Kreditwürdigkeit des Zahlenden. Die Innovationen im Zahlungsverkehr beruhen daher häufig darin, dass neue digitale Technologien zur Erbringung dieser Bausteine eingesetzt werden.

Erfolgreiche Zahlungssysteme zeichnen sich auch dadurch aus, dass es einen einfachen Zugang für Zahlende und Zahlungsempfänger gibt. Daher sind offene Technologien wie beispielsweise QR-Codes und einfach zugängliche Programmierschnittstellen (API) ein wichtiger Faktor, um Netzwerkeffekte zur erreichen.

Erfolgreiche Zahlungssysteme sind aber nicht nur von Technologie abhängig, sondern auch von der Fähigkeit, durch die Integration von Partnern exzellente Kundenerlebnisse zu schaffen, in denen die Zahlung an sich in den Hintergrund rücken kann. Dabei darf nicht übersehen werden, dass Zahlung auch immer mit Vertrauen und Gewohnheit zu tun hat. Zahlungsanbieter und Anwender müssen gemeinsam testen und lernen, wie weit die Vereinfachung gehen kann, ohne beim Anwender das Gefühl von Kontrollverlust hervorzurufen.

Wie in vielen anderen Bereichen auch lässt sich für die Payment Branche feststellen, dass die Basistechnologien, die heute schon zur Verfügung stehen, noch längst nicht ausgereizt sind, um weitere Innovationen und damit einhergehende Disruptionen im Zahlungsbereich zu gestalten. Die Herausforderung liegt also eher in der Organisation der zugrundeliegenden Business Ecosysteme und der Gestaltung von Kundenerlebnissen.

In Kürze werden TWINT-Nutzer nicht nur an der Straße parken können und einfach per TWINT-App die Parkdauer buchen können. TWINT-Nutzer können dann auch auf Parkplätzen mit automatischen Schranken parken. Die Schranke erkennt das Fahrzeug anhand des Nummernschildes automatisch und öffnet sich wie von Geisterhand beim Ein- und Ausfahren. Die Identifikation, das Pairing und die Transaktion laufen vollständig im Hintergrund ab. Der Nutzer erhält einfach eine kurze Mitteilung mit dem abgerechneten Betrag als Push-Nachricht auf seinem Smartphone – und fertig!

Selten war Ereignislosigkeit so spannend!

Wo wir kaufen bestimmt wie wir bezahlen

Erik Meierhoff

„Rechnung, PayPal oder Kreditkarte – wer macht das Rennen im Online Payment?“ So oder so ähnlich fragen sich viele Onlinehändler und -dienstleister jedes Jahr aufs Neue, wie ihre Kunden in Zukunft bezahlen werden. Passend dazu liefern die einschlägigen Beratungsunternehmen und Handelsverbände regelmäßig mehr oder weniger repräsentative Statistiken über die Trends und v. a. Verteilungen der Bezahlverfahren im deutschen Digitalmarkt. Das Interesse hat durch den Eintritt von Apple und Google (mit ihren „Pay“ Produkten) in den eh schon hart umkämpften Markt weiter zugenommen. Neue Initiativen der Deutschen Kreditwirtschaft (#DK[48]) bzw. aus Europa mit der European Payment Initiative (EPI) erwecken hohe Erwartungen. Parallel wird der in 100+ Jahren Versandhandel in Deutschland liebgewonnene Rechnungs- und Ratenkauf zu einer globalen Erfolgsstory danke Firmen wie Klarna und Affirm unter dem Akronym BNPL (Buy Now Pay Later).

Einer ähnlichen Dynamik unterliegt der Ecommerce Markt in Gänze – das Jahr 2020 hat, getrieben insbesondere durch die Covid 19 bedingten Konsumänderungen, nicht nur dem Platzhirschen Amazon einen neuen Umsatzrekord beschert. Der Verband bevh

---

[48] https://die-dk.de/themen/pressemitteilungen/banken-und-sparkassen-vereinen-die-online-bezahlverfahren-paydirekt-giropay-und-kwitt-unter-der-dachmarke-giropay/

schätzt den deutschen E-Commerce-Markt in 2020 auf >83 Mrd. Euro (bei einem Wachstum von 14,6 %[49]). Auch PayPal feiert das stärkste Jahr in der Firmengeschichte global wie auch in Deutschland[50].

Kurzum – es ist viel Bewegung im Online Payment- und Handelsmarkt und die Frage, wie wir in Zukunft bezahlen werden, beschäftigt jeden Tag sehr viele Menschen. Doch wie nähert man sich am besten dieser Fragestellung für die nächsten 8-10 Jahre?

Schnellere Pferde

Henry Ford soll einmal gesagt haben „Wenn ich die Leute gefragt hätte, was sie wollen, hätten sie gesagt: ›schnellere Pferde‹." Viele Studien und Experten im Markt leiten das zukünftige Bezahlverhalten von der Schätzung der aktuellen Marktanteile ab (bspw. EHI) und rechnen dieses linear auf das zukünftige Wachstum des E-Commerce hoch.

Doch wenn wir heute zurückschauen, wie haben wir im Jahr 2011 das heutige Onlinebezahlverhalten eingeschätzt? Das Bezahlen per Nachnahme gibt es heute quasi nicht mehr, Click&Buy ebenfalls nicht. Klarna ging gerade in die Startlöcher in Deutschland, an paydirekt war noch lange nicht zu denken. PayPal hingegen ist Jahr für Jahr weit über Markt gewachsen. Will sagen, wahrscheinlich lagen wir mit unseren Vorhersagen ziemlich daneben – zu groß die Veränderungen im E-Commerce, viele Trends und neuen Akteure waren so nicht mal ansatzweise vorhersehbar.

---

[49] https://www.bevh.org/presse/pressemitteilungen/details/e-commerce-beschleunigt-wachstum-deutlich-auf-mehr-als-83-mrd-euro-warenumsatz-in-2020-bevh-forde.html

[50] https://s1.q4cdn.com/633035571/files/doc_financials/2020/q4/Q4-FY-20-PayPal-Earnings-Release.pdf

Oder doch Autos?

Wenn wir 2011 vorhergesagt hätten, dass die gute alte (und langweilige) Lastschrift und Rechnung die großen Sieger des E-Commerce-Booms in Deutschland in den folgenden Jahren werden würden, hätte sicherlich so mancher skeptisch geschaut. Kamen doch alle großen Entwicklungen im E-Commerce aus „kartenbasierten" Ländern wie den USA oder UK – also mussten doch auch in Deutschland mit dem E-Commerce die Kreditkartenschemes ihren Durchbruch (endlich) feiern.

Doch 10 Jahre später wissen wir, dass die Lastschrift das „Rückgrat" des riesigen „prozessierten" Payment Volumens von Amazon und PayPal und die Rechnung nach wie vor die Voreinstellung bei Otto.de ist. Für Zalandos „Schrei vor Glück" Aufstieg war die Rechnung sicherlich einer der Haupttreiber, um den (bis dato unvorstellbaren) Onlineschuhkauf unbeschwert zu ermöglichen – wenn auch manchmal mit legendären Nebeneffekten aufgrund des bedingungslosen Kundenversprechens (oder auch der bedingungslosen Wachstumsstrategie?[51]).

Das lineare Hochrechnen eines Status quo hat sich aber nicht als zielführend herausgestellt, um die Entwicklungen über 8-10 Jahre zu prognostizieren – die digitale Branche ist zu dynamisch.

Karten- vs. Konten-basierte Bezahlverfahren und Wallets

Bevor wir in die Prognosemöglichkeiten einsteigen, hier ein kurzer und simpler (!!!) Exkurs über Zahlverfahren (nicht nur im E-Commerce). Diese lassen sich grob unterteilen in „kartenbasiert", (Bezahlung erfolgt über die Kredit-/Debitkarten des Kunden) und

---

[51] https://www.focus.de/finanzen/boerse/staatsanwaltschaft-ermittelt-zalando-liefert-ein-jahr-lang-an-fluechtlingsheim-und-sieht-keinen-cent_id_4993784.html

„kontenbasiert“ (Bezahlung erfolgt über eine Aktion direkt am Girokonto des Kunden, bspw. Vorauskasse, Lastschrift, Rechnung, Ratenkauf).

Kontenbasierte Zahlungen erfordern oft „unbequeme“ Aktionen des Kunden (wie das Einloggen in das Onlinebanking und das Eingeben einer IBAN Nummer) und haben für Kunde und/oder Händler ein größeres Betrugsrisiko – Zahlung und Versand der Ware sind oft asynchron und erfordern ein Vertrauen in die Gegenseite (bzw. erhöhten Informationsbedarf über die Seriosität in Form von Händlerbewertungen oder Schufa Scores). Dieses erhöhte Risiko, in Kombination mit erschwerten technischen Integration-smöglichkeiten, machen diese Zahlmethoden für Händler oft weniger attraktiv.

Kartenbasierte Zahlungen: Natürlich erfolgt der Ausgleich eines Debit-/Kreditkartenkontos am Ende des Tages ebenfalls über ein Girokonto – die Kundenschnittstelle und evtl. Kartenservices (wie Mehrwerte, Betrugsprävention etc.) und insbesondere die Händlerakzeptanz wird aber durch das jeweilige Kartenscheme (bspw. Visa, Mastercard) verantwortet. Auch eine gewisse Vorfinanzierung des Einkaufs durch das Kreditkartenunternehmen kann erfolgen, je nach Zahlfrist des Kartenprodukts. Kartenbasierte Zahlverfahren nutzen jedoch ebenfalls eine Kartennummer (PAN) zur Identifizierung eines Kundenkontos, oft in Kombination mit weiteren Sicherheitsmerkmalen (bspw. biometrisch, Prüfziffer, TAN Verfahren). Sie sind dadurch im E-Commerce ähnlich „unbequem“ wie kontenbasierte Verfahren, Kunden müssen sich viel merken oder zusätzliche Geräte beim Onlineshopping griffbereit haben.

Wallets (wie PayPal, ApplePay oder Klarna) wiederum vereinfachen das Onlineshopping dahingehend, dass sie oft mehrere Zahlmethoden (konten-/kartenbasiert) „hinter“ einem zentralen Log-in ermöglichen – also mit nur einer

„Username/Password“ Kombination kann der Kunde beim Händler bezahlen, unabhängig ob der Kunde als Zahlungsmethode bspw. die Lastschrift oder eine Kreditkarte hinterlegt hat. Dabei bieten Wallets oft ähnliche Zusatzservices für ihre Kunden wie auch Kartenschemes, bündeln also Bequemlichkeit mit weiteren Services und diversen Zahlmethoden im Hintergrund. Auf der Händlerseite zeichnen sich diese oft ebenfalls mit Mehrwerten wie „Zahlungsgarantie“ und leichter technischer Integrationsfähigkeit aus, was Wallets auch hier beliebt macht. Jedoch lassen sich Wallets diese Mehrwerte natürlich auch bezahlen und PayPal ist für viele Händler die teuerste Zahlmethode im Portfolio[52].

X = Größe * Plattform * Frontend

Um also das zukünftige Bezahlverhalten zu prognostizieren, bedienen wir uns dreier Parameter:

- Größe der Ecommercehändler
- Plattfomisierung des Marktes
- Anzahl der (Kunden-)Frontends

Größe der E-Commerce-Händler: In den vorherigen Beispielen haben wir u. a. anhand Zalando und Otto gezeigt, dass diese es geschafft haben, das Bezahlen auf Rechnung im E-Commerce als Teil ihres Serviceversprechens an die Kunden zu platzieren. Sie haben es geschafft, die inhärenten Nachteile (insbes. bzgl. Zahlungsverzug und Warenrisiko) in ihr Produkt und auch in ihre Fulfillment Prozesse einzuarbeiten. Dies funktioniert u. a. deswegen so gut, weil viele der notwendigen Aufwände in Produkt und den Operations (UX/UI, Risikoprüfung, Debitorenmanagement) sich erst aufgrund der großen Menge an Kundendaten / Kontaktpunkten lohnen bzw. die „Stückkosten“ dafür erschwinglich werden. Ähnlich verhält es sich bei der

[52] https://www.ehi.org/de/studien/online-payment-2020/

Lastschrift, die bspw. bei Amazon vielfach die Basis des beim Kunden sehr beliebten „One-Click Checkout" bildet. Darüber hinaus profitieren große Händler von dem größeren Vertrauen, das Kunden ihnen entgegenbringen – sie bekommen eher Zugriff auf das Girokonto des Kunden für eine Lastschrift, „Käuferschutz" und ähnliche Mehrwerte von kartenbasierten Zahlmethoden und Wallets sind nicht mehr ganz so wichtig.

Umgekehrt lohnt sich der Aufwand für kleine Händler, mit entsprechend weniger Kundenkontakten, Transaktionen und Daten, oftmals nicht, die notwendigen Investitionen in Ressourcen und Produkt aufzubauen. Um Rechnung, Lastschrift und Co. anzubieten, müssen diese deswegen auf externe Anbieter zurückgreifen (mit entsprechend höheren Transaktionskosten). Kleinere Händler können also (mangelnde Skalierung) weniger auf die aus Kundensicht attraktiven kontenbasierten Zahlmethoden zurückgreifen. Und umgekehrt – je mehr Kunden also bei großen Händlern online einkaufen, desto eher können sie auf kontenbasierte Zahlmethoden zugreifen.

Plattformisierung des Marktes: Onlinemarktplätze wie Amazon, eBay sind in Deutschland schon jetzt für ca. 60 % des E-Commerce-Umsatzes verantwortlich, Trend weiterhin stark ansteigend[53]. Für diese Plattformen gilt im wesentlich genau das, was wir oben für große Händler geschrieben haben – typische Skalierungs- und Vertrauensvorteile. Jedoch ist es für Plattformen schwieriger, ein konsistentes Kundenversprechen bzgl. Fulfillment aufgrund der heterogenen Händlerschaft umzusetzen. Auch geht Kundenbetrug zulasten der Ware der jeweiligen Händler. Zusätzlich müssen sich Marktplätze um potenziellen Händlerfraud oder schlechte Kundenerfahrungen kümmern, die in zusätzlichen Chargebacks münden können. Dies bedeutet, dass sie selber

[53] https://einzelhandel.de/component/attachments/download/10433 S.25

entweder Services wie Käuferschutz für Kunden und Zahlungsgarantien für Händler anbieten müssen, um diese Unsicherheit auszubalancieren. Oder sie greifen dafür auf die jeweiligen Mehrwerte der kartenbasierten Zahlmethoden bzw. Wallets, sog. „sicherer Zahlverfahren". Je größer und etablierter eine Plattform ist, desto weniger ist sie auf diese Effekte angewiesen – wobei auch „gereifte" Marktplätze wie eBay ggf. auf externe Hilfe (wie bspw. von Adyen und Klarna[54]) zurückgreifen, um schnell global zu skalieren. Andere wie Otto bauen dies konsequenterweise intern auf[55].

Onlinemarktplätze wiederum bieten gerade kleineren Händlern die Möglichkeit, unter ihre bessere und hochskalierte Infrastruktur „zu schlüpfen", gerade auch im Payment. So sind insbesondere in den Jahren 2011-2014 Händler zum deutschen Rakuten Marktplatz gekommen, weil dort als einziger Marktplatz in Deutschland der Rechnungskauf, Ratenkauf und die Lastschrift angeboten wurde. Allerdings haben die Händler als Teil eines „gemanagten" Marktplatzes dann keinen Einfluss mehr auf den Zahlartenmix und die Aussteuerung dieser – die Bezahlarten werden entsprechend des Leistungsversprechens und der Fähigkeiten des Marktplatzbetreibers ausgesteuert. Ähnlich verhält es sich auch bei speziell auf KMU Händler spezialisierte gehostete Shoppingplattformen wie Shopify – auch hier wird den Händlern das „Payment Management" abgenommen mit der eigenen Paymentlösung[56], auch wenn Shopify (noch) kein Marktplatz ist.

Je stärker ein Markt also „plattformisiert" ist, desto weniger müssen kleine Händler selber ihren Zahlartenmix steuern und

---

[54] https://www.ebayinc.com/stories/press-room/de/ebay-f%C3%BChrt-klarna-sofort%C3%BCberweisung-in-deutschland-ein/

[55] https://www.otto.de/unternehmen/de/news-presse/otto-baut-eigene-payment-gesellschaf t

[56] https://www.shopify.de/payments

können deswegen auch auf kontenbasierte Payments ggf. zugreifen. Auf der anderen Seite greifen insbesondere „junge“ und stark wachsende Plattformen auf die Mehrwerte von kartenbasierten Zahlmethoden und Wallets zu, wobei dies über die Zeit zurückgeht.

Anzahl der (Kunden-)Frontends: Zuerst gab es nur ein Frontend zum Kunden: Den eigenen Onlineshop. Dann kamen noch mobil optimierter Webshop und evtl. noch eine App hinzu.

Schließlich startete der Siegeszug der Onlinemarktplätze, was ein weiteres (nicht kontrolliertes) Frontend zum Kunden brachte. Mittlerweile gab es viele Versuche, Shoppingfrontends via Wearables, Smart TVs und Voice zu implementieren mit mehr oder weniger Erfolg. Weitere Plattformen wie Social Media und Messenger Apps kamen hinzu, das Auto wird gerade in eine Shopping App umgewandelt, unsere Handys bekommen durch Google, Samsung, Huawei und Co. auch immer mehr native Shoppingfunktionen – immer inkl. Payment. Mehr dazu kann man sich dazu unter dem Buzzword „Contextual Commerce“ (oder auch „Social Commerce“) erschließen – da kommt noch viel mehr![57]

Auch wenn wir noch nicht absehen können, welche Frontends und Usecases in den nächsten 8-10 Jahren sich beim Kunden durchsetzen werden – die Anzahl der Frontends wird zunehmen, so viel ist sicher! Traditionell funktionieren in smarten Geräten wie Handys oder Wearables besonders gut kartenbasierte Zahlformen – insbesondere wenn die Zahlungsauthorisierung physisch an einem (NFC)Terminal durchgeführt wird. Wenn also aus einer Smartphone App eine Bezahlung angestoßen wird. Gleiches gilt auch für QR-Code basierte Payments, wobei bei diesen sehr oft eine Lastschrift im Hintergrund die Zahlung auslöst (aktuell).

[57] https://diconium.com/de/news/contextual-commerce-wenn-der-warenkorb-zum-kunden-kommt

Analog zu den o.g. Herausforderungen trifft dies insbes. größere Händler und Plattformen oder Wallets.

Das zeigt auch schon, woher diese Strömungen aktuell kommen – der Einstieg für Händler in diese Usecases funktioniert sehr oft neben Karten über Wallets oder eine Kombination aus beiden. Bspw. die Nutzung von Google Pay für die Zahlungsakzeptanz In-App am Smartphone oder auch einer Smartwatch mit Wear OS. Dabei ist es egal, ob Amazon, Apple oder Google eigene Kundendevices in den Markt bringen oder im Messenger Umfeld neue Frontends entstehen – Händler müssen auf die wenigen autorisierten Zahlmethoden zurückgreifen. Und selbst wenn ein neues Frontend eine direkte Integration für den Händler zulässt: Dies ist häufig mit größeren technischen Aufwänden verbunden bei gleichzeitig hohem Risiko, dass sich ein neues Frontend nicht etabliert.

Je mehr Kundenfrontends etabliert werden, desto eher werden kartenbasierte Zahlarten und Wallets genutzt.

Meine Bausteine basieren auf der Annahme: Kontenbasierte Zahlverfahren und Wallets gewinnen

Wir kaufen in Zukunft noch mehr bei großen Händlern und Plattformen auf noch mehr verschiedenen Frontends.

Der deutsche E-Commerce-Markt konsolidiert sich weiter – neue Plattformmodelle entstehen aus großen Händlern wie Media Markt, Zalando, Fressnapf etc. und bestehende Marktplätze wie Amazon und Otto wachsen überproportional stark. Die Anzahl der Kundenfrontends – und darin wiederum neue Plattformmodelle – nimmt ebenfalls extrem stark zu und dies alles geht (zumindest im Kontext Zahlverfahren) zu Lasten der kleineren Händler. Diese Händlergruppe gerät zunehmend ins Hintertreffen in der Zahlartensteuerung.

Diese Trends werden in den nächsten 8-10 Jahren nicht zurückgehen und lassen dementsprechend Rückschlüsse auf die Frage nach dem „Wie bezahlen wir in Zukunft?“ zu:

Wir werden noch mehr mit kontenbasierten Zahlverfahren und Wallets bezahlen, wobei auch für die Wallets eine Konsolidierung entlang der neuen Frontends und der Entwicklung der Plattformen stattfinden wird.

Logistik
Ausweg aus der Logistik-Falle
Die digitale Revolution für die letzte Meile

Michael Lüken

Einleitung

Die letzte Meile (engl.: Last Mile) ist für die Logistik-Branche die größte Herausforderung. Auf dem letzten Wegstück, beim Transport der bestellten Ware von den Verteilungszentren zu den Kunden, erwarten sowohl Versender als auch Endkunden eine optimale Performance von den Kurier-, Express- und Paketdienstleistern (KEP)[58]. Dabei gehen die individuellen Bedürfnisse und Erwartung-shaltungen an die letzte Meile stark auseinander und sind alles andere als kongruent.

Aus Sicht der Händler sind günstige Konditionen und eine zuverlässige Abwicklung entscheidend. Private Adressen, Paketshops und Packstationen – Lieferungen müssen an verschiedene, großflächig im Stadtbild verteilte Anlieferungspunkte transportiert werden. Mit Übergabe der Sendungen wird auf einen effizienten und problemlosen Delivery Service durch die KEP-Dienstleister vertraut.

Für die Kunden kommt es im Wesentlichen auf Schnelligkeit,

[58] Bundesverband Paket & Expresslogistik (BIEK) (2019). Kurier-, Express-, Paketdienste. KEP-Studie 2019 - Analyse des Marktes in Deutschland.

Sicherheit und Flexibilität an. Das Einkaufsverhalten der Kunden hat sich gänzlich verändert. Immer mehr Waren- und Produktgruppen, insbesondere Lebensmittel, werden bevorzugt online bestellt und bezüglich der Lieferung gilt: je schneller, desto besser (Wegner, 2019[59]). Aus Kundensicht kommt es aber nicht nur darauf an, dass Pakete schnell ankommen. Ein aktueller Test des Deutschen Instituts für Servicequalität hat gezeigt: jedes sechste Paket wurde auf dem Versandweg nicht sachgemäß behandelt (Weidemann, 2021[60]). Wer online einkauft, muss oft in Vorleistung gehen und dann hoffen, die Waren unbeschadet in den Händen zu halten. Eine sichere Zustellung ist daher essenziell. Kunden erwarten bei der Zustellung außerdem eine gewisse Flexibilität. Eine lückenlose Kommunikation auf der Paketreise und kontinuierliche Informationen in Echtzeit über den Status auf der letzten Meile werden aus Kundensicht immer beliebter, da auf diese Weise Transparenz und Sicherheit bezüglich der Liefermodalitäten gewährleistet werden und sich Rückfragen von vornherein erübrigen.

Die KEP-Dienstleister stehen aktuell vor einem Dilemma: Sie sind nicht dazu in der Lage, den Bedürfnissen aller Beteiligten in geeigneter Weise gerecht zu werden. Es mangelt an innovativen, kundenzentrierten Konzepten. Die Dienstleister sind damit beschäftigt, ihre bestehenden Services trotz der weiter steigenden Paketsendungsvolumina am Laufen zu halten. Der Bundesverband Paket- und Expresslogistik rechnet bis 2023 deutschlandweit mit 4,4 Milliarden Sendungen pro Jahr (BIEK, 2019[61]). Die Branche

---

[59] Wegner, K. (2019). Potenziale der Digitalisierung für die letzte Meile in der Logistik. In: Schröder M., Wegner K. (eds) Logistik im Wandel der Zeit – Von der Produktionssteuerung zu vernetzten Supply Chains. Springer Gabler, Wiesbaden. https://doi.org/10.1007/978-3-658-25412-4_13.

[60] Weidemann, T. (22.03.2021). DHL, Hermes und mehr: Das ergibt der Test von fünf Paketdienstleistern. t3n.de. https://t3n.de/news/test-paketdienste-dhl-hermes-136832

[61] Bundesverband Paket & Expresslogistik (BIEK) (2019). Kurier-, Express-, Paketdienste. KEP-Studie 2019 - Analyse des Marktes in Deutschland.

ist jetzt im Zugzwang, sich mit bestehenden Problemen auseinanderzusetzen und die Letzte-Meile-Logistik neu zu denken, um den Erwartungen von Sendern und Empfängern auf Dauer gerecht zu werden.

Die Pain Points auf der letzten Meile

KEP-Dienstleister stehen derzeit auf der letzten Meile vor ganz unterschiedlichen Herausforderungen. Zunächst verfügen die wenigsten Kunden über zuverlässige Informationen, wann eine Bestellung bei ihnen eintrifft. In Zeiten wachsender Mobilität in der Gesellschaft wird es immer unwahrscheinlicher, den Kunden für die Zustellung persönlich an der Haustür anzutreffen. Auch demografische Entwicklungen wie die zunehmende Anzahl an Single-Haushalten und berufstätigen Frauen, tragen dazu bei (Wegner, 2019[62]) . Die COVID-19-Pandemie und die Lockdown-Monate waren dahingehend eine Ausnahmesituation, die Menschen werden ihren Alltag schon bald wieder flexibel außerhalb der eigenen vier Wände verbringen wollen. Mit der gesellschaftlichen Rückkehr zur Normalität werden sich die erfolglosen Zustellversuche wieder summieren.

Kunden können mittlerweile sämtliche Waren und Produkte online bestellen. Die Beschaffenheit von Bestellungen erfordert oftmals zusätzliche Dispositionen, beispielsweise für Sperrgut oder andere empfindliche Transportgüter (Wegner, 2019). Gleichzeitig werden mehr Bestellungen mit geringerer Sendungsgröße getätigt und es kommt oft zu Retouren, die durch zusätzliche Lieferrouten und Zustellfahrzeuge das innerstädtische Verkehrsaufkommen massiv belasten. Dennoch erwarten Kunden von den KEP-Dienstleistern

[62] Wegner, K. (2019). Potenziale der Digitalisierung für die letzte Meile in der Logistik. In: Schröder M., Wegner K. (eds) Logistik im Wandel der Zeit – Von der Produktionssteuerung zu vernetzten Supply Chains. Springer Gabler, Wiesbaden. https://doi.org/10.1007/978-3-658-25412-4_13.

eine zunehmende Orientierung in Richtung Nachhaltigkeit, die Auslieferung von Paketen soll möglichst ressourcenschonend und energieeffizient ablaufen (Wegner, 2019). Derzeit steht dieses Bedürfnis noch deutlich im Widerspruch zu dem Wunsch nach einer schnellen, flexiblen und sicheren Paketreise.

Die Möglichkeiten des on-demand Online-Shoppings haben bei den Kunden die Erwartungshaltung ausgelöst, dass sich auch die Zustellung zeitlich und örtlich flexibel und individuell an die eigenen Lebensgewohnheiten anpassen lässt (Wegner, 2019). Die Realität sieht anders aus. Die Zustellung auf der letzten Meile wird in Deutschland aktuell von einigen wenigen KEP-Dienstleistern dominiert, DHL, DPD, Hermes, GLS und UPS. Diese arbeiten entsprechend ihrer individuellen Abläufe, Routen und Services, nach denen der Kunde sich vollends richten muss. Dabei ist es Kunden grundsätzlich egal, welcher Logistiker die bestellten Waren ausliefert, solange der Versand unkompliziert und komfortabel abläuft. Die Leistungen sind je nach Dienstleister verschieden, Kunden können sich nicht auf einen einheitlichen Zustellprozess verlassen. Hermes und DPD unternehmen bis zu drei Zustellversuche. Pakete, die mit DHL versendet werden, werden in der Regel schon nach einem erfolglosen Zustellversuch an eine Postfiliale oder einen Paketshop weitergeleitet (Persiel, 2021a[63]). Auch die Lagerfristen in den Paketshops variieren je nach Dienstleister. In Hermes-Paketshops liegen Pakete bis zu zehn Kalendertage zur Abholung bereit, bei DHL für sieben und bei GLS für acht Werktage (Persiel, 2021b[64]). Aus Kundensicht mangelt es auf dem Versandweg noch wesentlich an Standardisierung und Transparenz.

[63] Persiel, S. (2021a). Vergleich von Paketdiensten: Welcher ist der beste für mich? paketda.de. https://www.paketda.de/paketdienste-vergleich.php.
[64] Persiel, S. (2021b). Anzahl Zustellversuche und Lagerfristen von DHL und Post. paketda.de. https://www.paketda.de/dhl/zustellversuche-lagerfrist.php.

Es bestehen aktuell hohe Markteintrittsbarrieren in die Last-Mile-Logistik, da hierfür sehr hohe Investitionen in die Infrastruktur notwendig sind. Hierdurch ist ein geringer Innovationsdruck bei den tradierten Dienstleistern vorhanden. Optimierungsmöglichkeiten für die letzte Meile werden für gewöhnlich in vorhandenen Systemen und Prozessen gedacht, nicht jedoch aus Sicht der Endkunden. Die Erwartungen und Bedürfnisse der Kunden stehen nicht im Fokus, obwohl der Versandhandel sich zunehmend in Richtung einer kundenzentrierten Dienstleistung entwickelt. E-Commerce-Anbieter machen es vor: Es wird versucht, den großen Nachteil des Onlinehandels im Vergleich zum stationären Einzelhandel auszugleichen, indem aktiv die Nähe und der persönliche Kontakt zu den Kunden gesucht wird. Daher verwundert es, dass die KEP-Dienstleister ihren zentralen Vorteil gegenüber den Onlinehändlern nicht besser nutzen. Bei der Zustellung sind die Dienstleister direkt bei den Kunden vor Ort, es bietet sich die Gelegenheit zu persönlichem Kontakt und der Beobachtung und anschließenden Reflexion von Kundenbedürfnissen.

Hier eröffnet sich ein freies Feld, um innovative und nachhaltige Ideen und Konzepte für die letzte Meile im bestehenden Markt zu etablieren. Start-ups wie Flaschenpost oder Liefergrün machen es bereits erfolgreich vor. Flaschenpost kooperiert beispielsweise mit dem Onlinehändler About You und bietet Kunden einen kostenlosen Retouren-Service an. Dieses Best Practice Beispiel zeigt, wie auf der letzten Meile branchenübergreifend Ressourcen gebündelt werden können, um so den Kundenanforderungen nach Schnelligkeit und Flexibilität zu entsprechen. Allerdings zeigt dieses Beispiel auch, dass diese Anbieter die Herausforderungen der letzten Meile nur punktuell lösen können. Der Service bewährt sich nur für Kunden, die ohnehin etwas bei Flaschenpost bestellen. Andernfalls bleibt ihnen der Weg zum Paketshop nicht erspart.

Die Entwicklung von neuen Branchen- und Dienstleister übergreifenden Konzepten für die letzte Meile ist zwingend notwendig. Insbesondere fehlt es an einem übergeordneten Konzept, welches die Kundenbedürfnisse abdeckt. Die Digitalisierung bietet große Potenziale für die Prozessoptimierung und Steigerung der Leistungsfähigkeit auf der letzten Meile, womit langfristig auch eine Kostensenkung einhergehen kann (Wegner, 2019). Vorhandene Daten und Informationen werden derzeit jedoch noch nicht ausreichend genutzt und gewinnbringend eingesetzt.

Bausteine für eine digitale Revolution in der Last-Mile-Logistik

Es stellt sich nun die Frage, wie die Zukunft der Paketzustellung auf der letzten Meile aussieht. Wenn KEP-Dienstleister sich gegenüber ihren Mitbewerbern differenzieren und langfristig von den Endkunden als relevante Player wahrgenommen werden wollen, muss schnellstens ein Umdenken in Richtung Flexibilität und Agilität stattfinden. Der Fokus muss verstärkt auf die Weiterentwicklung von Technologien und Services gelegt werden. Durch smarte, neu gedachte Konzepte, die sich verstärkt an Kundenbedürfnissen orientieren, können sich Dienstleister aus der "Logistik-Falle" befreien und als fähige Service-Dienstleister positionieren. Die perfekte Last-Mile-Logistik sollte kundenzentriert ausgerichtet werden und Kundenanforderungen deutlich stärker berücksichtigen.

Eine zukunftsorientierte Ausrichtung neuer Services und Lösungen muss notwendigerweise den folgenden Kriterien genügen:

- **Flexibilität.** Neue Services müssen schnell entwickelt und getestet werden können. In der Produktentwicklung im Start-up-Umfeld ist das Prinzip des Minimum Viable Product (MVP) bereits Standard. Die Fokussierung auf ein minimal funktionsfähiges Produkt ermöglicht es, schnellstmöglich die Potenziale und Erfolgsaussichten neuer Services zu testen und Fehlinvestitionen zu minimieren.
- **Offenheit.** Eigene neue und Services fremder Dienstleister sollten flexibel in das bestehende Angebot eines Dienstleisters integriert werden können. Hierfür sind Schnittstellen nötig, an die neue Services angedockt werden können. Kunden stellen sich die Frage, wieso sie Pakete für den Versand mit DHL in einer Postfiliale abgeben müssen, obwohl sich ein Hermes-Paketshop in unmittelbarer Nähe befindet.
- **Skalierbarkeit.** Zukünftig sollte die Möglichkeit bestehen, Lastspitzen auch kurzfristig auszugleichen. Kunden wollen sich auf eine schnelle, garantierte Zustellung ihrer Pakete verlassen können. Wer die Rolle des Zustellers übernimmt, ist letztlich irrelevant. Auch ein mobiler Pflegedienst oder ein Taxi könnte entlang der eigenen Route Pakete ausliefern.

In der Software-Entwicklung sind diese Kriterien bereits seit Jahren Standard für die Entwicklung neuer Anwendungen. Die zu entwickelnde Software wird in ihre Kernfunktionen aufgeschlüsselt. Jede Funktion und jeder Service kann auf diese Weise auch unabhängig von den anderen entwickelt werden. Wie die einzelnen sogenannten Microservices funktionieren, ist für die anderen Anwendungsbereiche nicht relevant. Im Ergebnis kommt es lediglich auf die Funktionsfähigkeit an. Hierdurch ergibt sich eine sehr hohe Flexibilität, Offenheit und Skalierbarkeit der Microservices, da es problemlos möglich ist, alte Services zu überarbeiten und gegen neue auszutauschen oder gänzlich neue Funktionen und Services in die Landschaft zu integrieren. Die Organisation oder auch Orchestrierung der Services ist zentraler Bestandteil der Architektur. Wofür sind einzelne Services zuständig? Wie greifen die unterschiedlichen Services ineinander und wie erfolgt das Zusammenspiel? Welche Daten werden ausgetauscht? Dieses Konzept sollte auch in der Last-Mile-Logistik in Zukunft Anwendung finden.

Es existieren bereits verschiedene Services, die sich einzelnen Herausforderungen und relevanten Kundenbedürfnissen während der Paketreise und für die Last-Mile-Delivery widmen. Mit diesen könnte eine Service-Architektur ausgestaltet werden:

- **Track & Trace-Service.** Kunden erhalten in Echtzeit zuverlässige und transparente Informationen, um den Versandstatus ihrer Bestellungen nachzuverfolgen. Hierbei können diese aber eigenständig entscheiden, wie und wo diese Informationen konsumiert werden.
- **Kommunikations-Service.** Kunden sollen gerade auf der letzten Meile regelmäßig über den aktuellen Lieferzeitpunkt informiert werden und Status-Updates erhalten. Diese werden in der Regel per E-Mail, SMS und über Social Media Plattformen verschickt, es sind aber auch interaktive dialogische Kommunikations-Services möglich.
- **Zustell-Service**. Ob zu Hause, im Büro, bei Freunden und Nachbarn oder sogar im Lieblingscafé, egal wo sich ein Kunde aufhält, der Ort der Zustellung kann auf der letzten Meile individuell gewählt werden.
- **Umleitungs-Service.** Kunden sollen die Möglichkeit erhalten, die Zustellung auf der letzten Meile flexibel zu steuern und kurzfristig Änderungen des Lieferzeitpunkts und des Lieferorts vorzunehmen. Dieser Service erhöht die Wahrscheinlichkeit erfolgreicher Zustellversuche wesentlich.

- **Abhol- / Mitnahme-Service.** Die Kunden sollen davon profitieren, dass Logistiker und branchenfremde Dienstleister wie Flaschenpost, Lieferando oder Gorillas kooperieren und die Pakete entlang ihrer jeweiligen Routen ausliefern können.
- **Retouren-Service.** Zum einen werden Retouren durch branchenfremde Dienstleister mitgenommen, zum anderen soll die Abgabe der Pakete zukünftig bei den Annahmestellen beliebiger Dienstleister erfolgen.
- **Monitoring-Service.** Die Servicequalität und Performance dieser Services können permanent von den beteiligten Playern überwacht und kontrolliert werden.

Alle diese Services können über Schnittstellen verbunden und in Kombination verwendet werden. In der urbanen Last-Mile-Logistik wird es zukünftig auf das Zusammenspiel dieser Logistik-Microservices von unterschiedlichen Anbietern ankommen, um eine optimale Customer Experience auf der kritischen letzten Meile gewährleisten zu können.

Die Zukunft der Last-Mile-Logistik erfordert eine Neuordnung der Logistik-Infrastruktur in Form von Service-Plattformen, die Dienstleister, Services und Kunden miteinander verbinden. Ein Betreiber organisiert und füllt die Plattform mit entsprechenden Services und verantwortet die Governance für die Plattform-Partner und Nutzer. Service-Anbieter können als Plattform-Partner ihre individuellen Services den Endkunden anbieten. Die Plattform-Nutzer, Versandhändler und Endkunden können diese flexibel für die eigene Paketzustellung nutzen. Es ist davon auszugehen, dass jeder einzelne Nutzer, ob Versandhändler oder Endkunde, ganz individuelle Bedürfnisse hat. Um möglichst vielen heterogenen Ansprüchen und Wünschen gerecht zu werden, sollte Kunden zukünftig die Auswahlmöglichkeit angeboten werden. Auf einer Plattform können die Services auf die Service-Empfänger ausgerichtet werden. Diese können den jeweiligen Versandprozess dann nach den eigenen Vorstellungen gestalten.

Die Plattform-Partner können sich ganz auf ihre Kernkompetenzen fokussieren. Die Innovationskraft und die Geschwindigkeit der Entwicklung weiterer Services werden wesentlich gesteigert. Parallel sinken die Transaktionskosten. Durch optionale, kostenpflichtige Services bietet sich zusätzliches Ertragspotenzial. Sobald die Kunden feststellen, dass sich die Plattform-Struktur bewährt und ihnen ein völlig neues Versanderlebnis bietet, werden sie eine komfortable Paketreise nicht mehr missen wollen. Die Bereitschaft, für extra Service zu bezahlen, wird mit steigender Nutzerzufriedenheit zunehmen.

Voraussetzung für die erfolgreiche Umsetzung einer derartigen Plattform-Struktur ist die Nutzung der Potenziale der Digitalisierung. Bereits vorhandene Daten müssen konsequent ausgewertet und verwendet werden. Darüber hinaus müssen kontinuierlich neue Daten über neue Messpunkte und Schnittstellen erfasst werden. Die Ausrichtung hin zu einer datengetriebenen Organisation erfordert die Verfügbarkeit relevanter und valider Informationen.

Paketdienstleistern bietet sich die Möglichkeit, sich als Plattform-Betreiber auf dem Markt zu etablieren und die Service-Landschaft der letzten Meile der Zukunft neu zu denken.

Start-ups und Innovatoren können auf bereits bestehende und erprobte Services zurückgreifen und diese mit den eigenen Ideen und Geschäftsmodellen anreichern.

Versandhändler und Endkunden erhalten Zugriff auf ein breites Service Portfolio, aus dem sie sich auf der letzten Meile frei nach ihren individuellen Vorstellungen und Bedürfnissen für einen Delivery Service entscheiden können. Außerdem werden zusätzliche Ertragspotenziale frei – die eher kostengetriebenen Logistik-Dienstleister werden zu Convenience-Treibern.

Fazit

Der Status quo der letzten Meile ist nicht zufriedenstellend. Die KEP-Dienstleister sind regelrecht in ihren bestehenden Prozessen gefangen. Es fehlt an Mut zu Veränderung und Adaptionsfähigkeit. Bereits vorhandener Ideen und neue Innovationen werden noch viel zu sporadisch genutzt. Angebotene Services der Dienstleister werden nach wie vor zu wenig auf die Bedürfnisse und Erwartungen ihrer Zielgruppen ausgerichtet.

Die Last-Mile-Logistik muss neu gedacht werden. Es gilt, vorhandene Geschäftsmodelle zu hinterfragen und weiterzuentwickeln, um mit dem Wandel des Marktes Schritt zu halten. Der Onlinehandel boomt, alle Rekord-Prognosen für die nächsten Jahre könnten sogar noch übertroffen werden. Zudem werden die Endkunden schon in naher Zukunft eine schnelle, sichere und flexible, aber gleichzeitig nachhaltige Paketreise von den Dienstleistern fordern. Diese Herausforderungen können dank der Potenziale der Digitalisierung bewältigt werden.

Die Entwicklung einer offenen Service-Plattform ist der Schlüssel für die Logistik-Branche, um steigenden Paketsendungsvolumina und Kundenerwartungen auf der letzten Meile gerecht zu werden.

Arbeitswelt

Agil arbeiten

Björn Jensen

War Agilität vor 10 Jahren eher etwas Exotisches, so ist es heute voll im Trend. Jedes Unternehmen, das etwas auf sich hält, muss heute agil sein. Doch mit steigender Popularität der Agilität hört man auch immer mehr von Unternehmen, die daran scheitern und sich davon abwenden. Dabei wird doch gerade im agilen Arbeiten die Lösung für viele unserer Probleme gesehen. Werfen wir einen Blick auf den Hype und einige der Herausforderungen, die damit einhergehen ...

Agilität ist nicht das Ziel

Der Kontext, in dem sich viele Unternehmen heute befinden, wird häufig mit dem Begriff VUCA beschrieben. Dahinter verbirgt sich grob gesagt Folgendes:

- **Volatility**: Die Welt verändert sich schneller, Dynamik und Umfang der Veränderungen werden größer.
- **Uncertainty**: Vorhersehbarkeit schwindet, Handlungen und Konsequenzen werden mehr und mehr unkalkulierbar.
- **Complexity**: Durch die Komplexität der Dinge sind die Zusammenhänge zwischen Ursache, Handlung und Wirkung nicht mehr erkennbar.
- **Ambiguity:** Informationen sind mehrdeutig und es müssen

verschiedene Perspektiven in Betracht gezogen werden.

Agilität ist eine Möglichkeit, die Überlebensfähigkeit von Unternehmen in diesem Kontext zu erhöhen. Die Ergebnisse einer Befragung, die regelmäßig von Version One[65] durchgeführt wird, sprechen für sich: mehr als 80 % der Scrum-Anwender[66] berichten über eine Steigerung

- der Flexibilität,
- der Transparenz,
- der Arbeitsatmosphäre und
- der Produktivität.

Dabei handelt es sich nicht nur um IT-Projekte. Auch wenn Agilität in diesem Kontext definiert wurde, so liegen die Wurzeln doch außerhalb dieses Bereiches.

Die o. g. Dinge mögen nun ein Grund sein, warum ein Unternehmen sich dazu entschließt, die Reise in Richtung Agilität anzutreten. Doch Obacht: Eine der großen Herausforderungen auf dieser Reise findet sich schon ganz am Anfang, und zwar im Fehlen der Antwort auf die Frage, wozu man eigentlich agil werden möchte. Die Steigerung der o. g. vier Dinge klingt für sich genommen gut, aber ist das auch für das Unternehmen relevant? Nur weil alle agil werden, bedeutet das noch nicht zwangsläufig, dass das eigene Unternehmen agil werden muss. Wenn sich jedoch das eigene Unternehmen im Kontext VUCA bewegt, dann sollte Agilität zumindest in Betracht gezogen werden.

---

[65] Version One – State of Agile : https://stateofagile.com/

[66] Scrum ist das weltweit bekannteste agile Rahmenwerk. Weltweit nutzen mehr als 12 Millionen Menschen Scrum.

Mehrwertsteigerung

Der o. g. Aspekt der Produktivitätssteigerung wird häufig missverstanden als "man ist in der Lage, mehr Dinge in kürzerer Zeit für weniger Geld zu liefern!" Jeff Patton[67] kontert hier gerne mit der Frage: "If you are able to build shit faster, what is the end result? More shit!". Darum kann es also nicht gehen. Vielmehr geht es doch eher darum, mit weniger Aufwand mehr Mehrwert zu schaffen. Und wie kommt man dahin? Durch radikale Fokussierung! Damit ist Produktivitätssteigerung "nur" der angenehme Nebeneffekt einer erst mal gefühlt unangenehmen Sache. Denn es ist die Fokussierung, die dazu führt, dass am Ende mehr geschafft wird. Die konsequente Reduktion auf das Wesentliche. Und das ist eine weitere Herausforderung für viele Unternehmen: Werfen wir einen Blick in viele Unternehmen, so platzt das Produktportfolio aus allen Nähten. Es gibt schon lange nicht mehr genug Personen, um dieses Übermaß zu beherrschen. Und statt auszumisten versucht man, durch neue Arbeitsweisen die Last umzuverteilen. Aber Überlast bleibt Überlast, egal, wo man sie hinschiebt. Auch wenn das Beispiel schon ein wenig abgegriffen ist: Als Steve Jobs zu Apple als CEO zurückkehrte, wurde als Erstes die Produktpalette radikal eingestampft. Aus einem sehr breit aufgestellten Unternehmen wurde ein stark fokussiertes. Dies und eine starke Führungspersönlichkeit mit einer starken Vision führte Apple zum Erfolg [3]. Heute sieht es bei Apple wieder ein wenig anders aus.

Was hat das nun mit Agilität zu tun? Es gibt im Agilen Manifest das Prinzip der Einfachheit [1]. Das ist die Kunst, die Menge der

[67] Jeff Patton ist ein sehr angesehener Coach und Trainer im Kontext Product Ownership und Product Management. Er ist u.a. Autor des Buchs "User Story Mapping" [2].

nicht getanen Arbeit zu maximieren. Und diese Kunst ist essenziell. Die Herausforderung liegt also darin, das “Nein” salonfähig zu machen.

Ressourcen- vs. Wertorientierung

Statt sich also im permanenten Kontextwechsel zu verlieren, gilt ein weiteres Prinzip des Agilen Manifests: Funktionierende Produkte sind das wichtigste Fortschrittsmaß. Hier spielt vielen Unternehmen die eigene Vergangenheit einen Streich:

Ich betrachte Organisationen gern wie einen Organismus. Und dieser Organismus hat bestimmte Verhaltensweisen und Muster etabliert, die immer eine positive Intention hatten, jedoch nicht unbedingt immer noch positiv wirken. Um neue Dinge zu erlernen, muss man ggf. erst einmal bestimmte Dinge verlernen. Wenn eine Organisation (der Organismus) ein bestimmtes Alter hat, dann hat auch die organisatorische DNA dieses Alter und man kann häufig sehr deutlich Verhaltensweisen und Muster erkennen, die sich vom Anbeginn der Zeit bis heute fortgepflanzt haben. Man spricht hier von Sozialisation. Das bedeutet jedoch auch, dass bestimmte Dinge eher automatisch passieren. Der Nachteil von Automatismen ist, dass diese keine Aufmerksamkeit mehr genießen. Somit kommt es immer wieder vor, dass man in alte Verhaltens- und Denkmuster zurückfällt. Diese Verhaltensweisen hatten immer eine positive Intention, aber ob die Wirkung immer noch positiv ist, das sei an dieser Stelle dahingestellt. Insbesondere, wenn sich die Umwelt eines Unternehmens mittlerweile im Kontext VUCA befindet.

Das bedeutet konkret, dass viele Unternehmen es gelernt haben, sich auf Ressourcenauslastung zu konzentrieren. Man achtet also primär darauf, dass die Ressourcen möglichst gut eingesetzt werden. Und das spiegelt sich meist in der Auslastung wider. Man bezeichnet so etwas als “Ressource Utilization”. Wenn man sich nun wieder in Erinnerung ruft, dass Agilität primär im Kontext VUCA sein volles Potenzial entfaltet, dann wird dieser Denkansatz der Dynamik, der Geschwindigkeit und dem Umfange der Veränderungen nicht gerecht. Henrik Kniberg[68] hat dazu mal gesagt: “If you only focus on keeping people busy, the only thing you get is busy people”. Und das zahlt nicht unbedingt auf die Überlebensfähigkeit von Unternehmen ein.

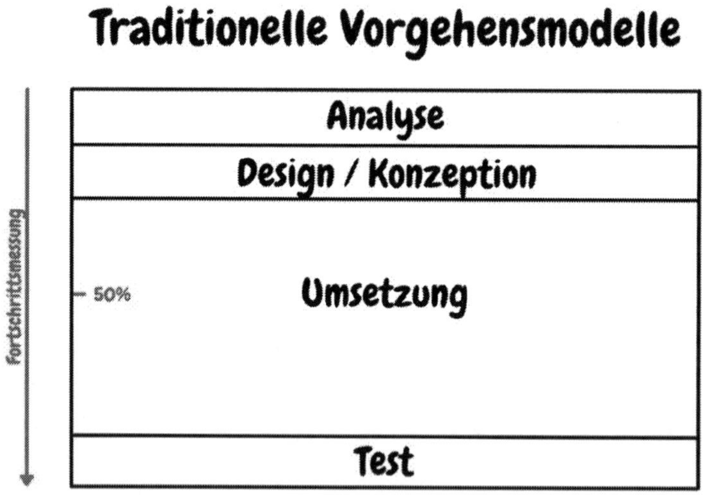

Schaut man sich im o. g. Bild einmal an, wie Fortschritt in eher traditionellen Planungsansätzen gemessen wird, dann ist das häufig ein phasenbasierter Ansatz. Doch wie viel Mehrwert wurde für den Kunden nach 50 % der Zeit geschaffen? Nichts. Und es kommt häufig noch schlimmer: Wenn man spät im Projekt merkt, dass bestimmte Dinge falsch gelaufen sind oder überarbeitet werden müssen, dann sind die “Ressourcen”, die damit beschäftigt waren, schon in einem anderen Projekt verplant und somit nicht oder nur schwer verfügbar.

68 Henrik Kniberg ist ebenfalls ein sehr angesehener Trainer und Coach im Kontext Agilität. Ihm hat man die mittlerweile ebenfalls sehr bekannte Arbeitsweise bei Spotify zu verdanken [4].

Stattdessen ist der Ansatz, dem man im Agilen folgt, ist ein wertorientierter Ansatz. Zusätzlich zu den bereits bekannten wird das auch durch die folgenden agilen Prinzipien deutlich:

- Unsere höchste Priorität ist es, den Kunden durch frühe und kontinuierliche Auslieferung wertvoller Software zufriedenzustellen.
- Heiße Anforderungsänderungen selbst spät in der Entwicklung willkommen. Agile Prozesse nutzen Veränderungen zum Wettbewerbsvorteil des Kunden.
- Fachexperten und Entwickler müssen während des Projektes täglich zusammenarbeiten.
- Die besten Architekturen, Anforderungen und Entwürfe entstehen durch selbstorganisierte Teams.

Man geht also davon aus, dass die Ressource "Kernkompetenz" einer Person in einem kurzen Intervall69 nicht voll ausgelastet ist, jedoch jede Person voll zur Wertsteigerung des Ergebnisses beiträgt. Wie viel Wert wurde im u. g. Bild nach 50 % der Zeit für den Kunden geschaffen? Mindestens 50 %. Wenn man jedoch die wertvollsten Dinge zuerst angeht, dann wird man vermutlich deutlich mehr als 50 % Mehrwert nach 50 % der Zeit geschaffen haben ...

[69] In Scrum nennt man dieses Intervall einen Sprint.

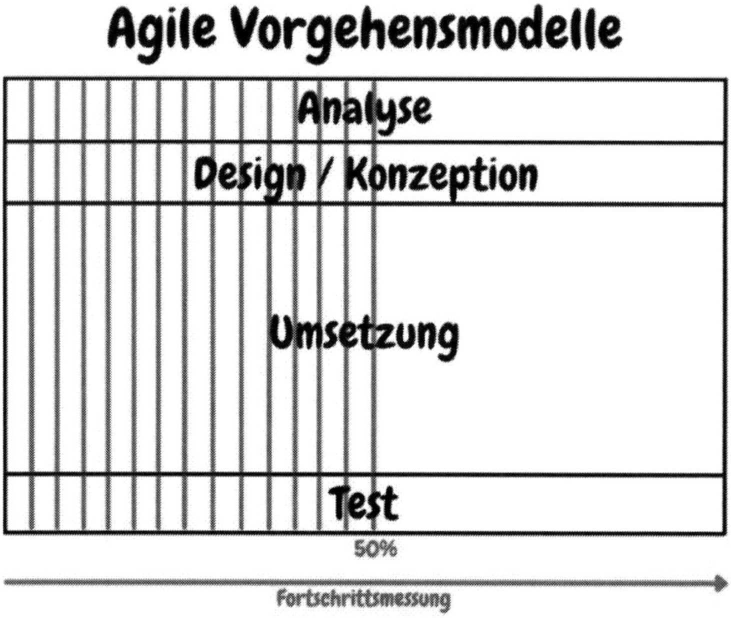

Schaut man in die meisten Organisationen, so wird man feststellen, dass viele Personen immer nur zu einem bestimmten Prozentsatz in einem Projekt befinden. Doch womit identifizieren sich diese Personen dann? Mit hoher Wahrscheinlichkeit nicht mehr mit dem eigentlichen Produkt, was das entsteht, sondern primär mit der Tätigkeit. Das wiederum sorgt dafür, dass der Blick über den Tellerrand fehlt. Was dann dazu führt, dass man dem VUCA-Kontext nicht mehr gerecht wird. Und dennoch: Die meisten Diskussionen, die heute in Organisationen geführt werden, sind eher ressourcenorientiert …

Agil arbeiten vs. Agil sein

Es wird immer deutlicher, dass Agilität eher eine Geisteshaltung, eine Einstellungssache ist und nicht nur eine andere Art und Weise zu arbeiten. Es beginnt bei einem Wertemodell, dem bestimmte Prinzipien zugrundeliegen und aus dem dann bestimmte Praktiken folgen.

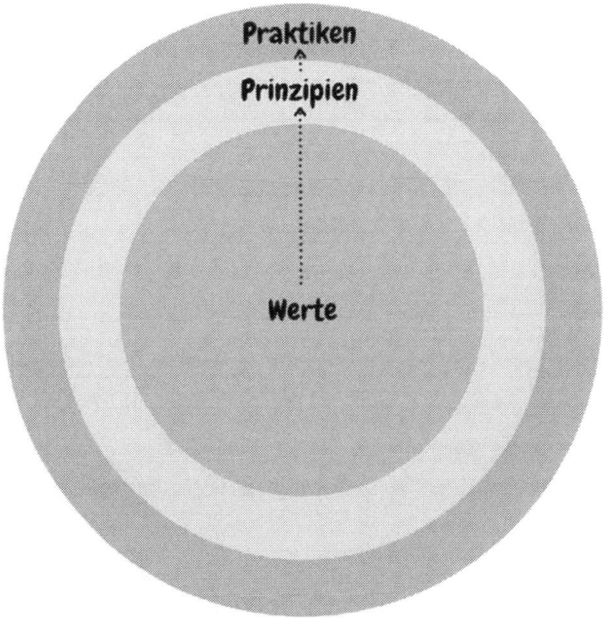

Nachhaltige Veränderung kommt also von innen heraus. Das Reduzieren von Agilität auf eine reine Methodik führt häufig zum Scheitern. Ein Framework wie Scrum ist bspw. eine Möglichkeit zu zeigen, dass man agil ist, aber nicht die einzige. Man kann Scrum auch ohne die Werte und Prinzipien implementieren, was jedoch dann völlig seelenlos und nichts weiter als eine leere Hülle ist. So etwas bezeichnet man auch als Cargo-Kult[70], wo bestimmte Abläufe zwar imitiert werden, die Wirkung jedoch ausbleibt.

Es gilt also, Agilität zu leben – und das auf allen involvierten Ebenen einer Organisation. Das schließt das Management und die Führungspersonen mit ein. Ebenfalls ein Punkt, der häufig nicht gegeben ist. Die Parole lautet zwar “Ab morgen müssen wir agil sein!”, gemeint ist jedoch oft: “Ab morgen müsst ihr agil arbeiten! Mit mir hat das aber nichts zu tun ...!” Das wird nicht funktionieren. Ein

[70] Siehe auch Wikipedia: https://de.wikipedia.org/wiki/Cargo-Kult

Symptom, was genau das ausdrückt, ist, wenn in einer Organisation zwar teilweise agil gearbeitet wird, der übergeordnete Planungsansatz jedoch komplett klassisch ist.

Agile Teams

Ein weiterer Gedanke, der im Agilen immer wieder zum Tragen kommt, sind "echte" Teams, also Gruppen von Personen, die eine gemeinsame Identität aufbauen können, um gemeinsam Wert zu schaffen. Um das zu tun, brauchen diese Teams alle Fähig- und Fertigkeiten, die nötig sind, um in kurzen Zeitintervallen Produkte zu bauen, deren Qualität zu "sichern", diese auszuliefern und Feedback von echten Nutzern einzuholen. Ergo, um Produktentwicklung iterativ und inkrementell zu betreiben. Es gilt also "You build it, you run it!". Wenn jedoch gegeben ist, das bestimmte Arbeitsabläufe also außerhalb des Teams stattfinden, bevor echter Wert geliefert werden kann, dann verzögert das das Lernen und verursacht unnötigen Mehraufwand und damit erhöhte Kosten und erhöhte Risiken, da die Lernzyklen deutlich länger werden und Informationen eher veralten.

Agile Teams sind also mit deutlich mehr Verantwortung ausgestattet. Dabei wird diese Verantwortung jedoch nicht aufgedrückt, sondern wahrgenommen – und zwar ganzheitlich von Ende zu Ende ... das bedeutet auch loszulassen und Verantwortung abzugeben. Eine Begleiterscheinung vieler agiler Transformationen ist, dass die Organisationsstruktur flacher wird. Das heißt nicht, dass bestimmte Personen überflüssig werden. Aber vermutlich können sie anders mehr Wert beitragen.

Das "neue" Normal

Die globale Pandemie, der man sich seit 2020 jeden Tag stellt, bringt viele Möglichkeiten und viele Herausforderungen mit sich. Eine Sache, die sowohl Möglichkeit als auch Herausforderung ist,

ist die Arbeit in Homeoffice oder auch “Remote Work”. Wenn man die Strategien vieler Organisation ab Mitte/Ende 2020 ansieht, so gibt es einen Trend in Richtung “Remote Work”. Diese wird aus dem “normalen” Alltag nicht mehr wegzudenken sein. Doch es reicht nicht, die Art und Weise, wie man bisher gemeinsam vor Ort gearbeitet hat, einfach 1:1 in die Virtualität zu überführen. Denn es fehlt an einigen Stellen das, was das Arbeiten vor Ort ausmacht, sei es das Gespräch auf dem Flur, die Verbundenheit und das Wir-Gefühl in der Arbeit mit den anderen etc. Die Arbeit in virtuellen Umgebungen braucht viel mehr Aufmerksamkeit als vor Ort, da es leichter zu Gefühlen von Vereinsamung und Überlastung/Burn-out kommen kann. Damit rückt die Herausforderung von Führungspersonen immer mehr in den Vordergrund, nicht mehr in der Organisation zu arbeiten, sondern an der Organisation. Das schließt das Vorleben von Dingen mit ein, die man bei den Mitarbeitern sehen möchte und die den o.g. Gefühlen von Vereinsamung und Überlastung/Burnout entgegenwirken. Es werden also soziale Aspekte deutlich in den Vordergrund treten. Es gibt unterschiedliche Modelle von “Remote Work”, doch das Modell, das die größte Herausforderung darstellt, ist das Modell “Hybrid Remote Work”. In diesem Modell arbeitet ein Teil vor Ort und ein Teil “remote”. Die Informationen, die die Personen vor Ort haben und deren Gefühl von Zusammengehörigkeit ist anders als bei jenen, die nicht vor Ort sind. Bei diesen werden z. B. Informationsunterschiede schneller wahrgenommen als “Ich gehöre nicht dazu”, was wiederum die Motivation eher senken und zu einem Gefühl von Einsamkeit führen kann. Auch hier kommen wieder gemeinsame Wertemodelle und Prinzipien ins Spiel, die dann die angewandten Praktiken definieren.

Was macht agiles Arbeiten also so schwer?

Im Grunde geht es primär darum, über den eigenen Schatten zu springen. Das liest sich ganz einfach, ist im Alltag jedoch enorm herausfordernd, da der Alltag nicht stehen bleibt und man selbst also ständig gefordert ist.

Wenn man also die Essenz der Dinge zusammenfassen möchte, die es braucht, damit solche Dinge wie Agilität sich wirklich entfalten können, dann sollte man Betroffene zu Beteiligten machen. Und für diese muss erkennbar sein, wozu man eigentlich agil sein möchte, wie Agilität dabei helfen kann, wie man Meisterschaft diesbezüglich erlangen kann und ihnen die Wahl gibt, zu entscheiden, wie sie diesen Weg zu Meisterschaft einschlagen. Führungspersonen sind hier rahmen- und raumgebend.

Folgende Dinge lassen sich ableiten:

- Keine agile Reise ohne Grund. Was ist die Vision hinter dieser Reise?
- Fokussiere Dich auf das Wesentliche.
- Konzentriere Dich auf Wertsteigerung, nicht auf Ressourcenauslastung.
- Schafft “echte” Teams.
- Reflektiert Werte und Prinzipien und leitet daraus unterstützende Praktiken ab.
- Führungspersonen arbeiten nicht mehr in, sondern an der Organisation.

Fazit

Was bedeuten diese Zeilen für Dich und Dein Unternehmen? Zum einen muss man nicht jedem Trend folgen. Es ist aber nicht verkehrt, über den eigenen Tellerrand zu schauen. In dem, was Agilität ausmacht, liegt ganz viel Gutes und Wertvolles. Ob es für Dich und Dein Unternehmen gut und wertvoll sein kann, das weißt Du am besten. Bevor Du also den Schritt in Richtung Agilität machst, solltest Du Dich fragen, in welchem Kontext Dein Unternehmen ist. Je mehr VUCA, desto mehr Agilität. Du kannst also Du die unterschiedlichen, hier angesprochenen Bereiche als Bausteine sehen, die zur Zukunftsfähigkeit Deines Unternehmens beitragen können.

Meine Bausteine

Baustein 1 – Organisatorischer Wandel

Organisationen werden sich also dynamischer aufstellen müssen und den Schritt in Richtung lernende Organisation wagen. Und lernende Organisationen folgen keinem starren Prozessmodell. Prozesse werden sich eher laufend ändern zugunsten dessen, was wirklich funktioniert. Darum braucht es auch eher flache Hierarchien, da ansonsten Unflexibilität und Stille-Post-Effekte ansteigen. Und besinnt euch auf das Wesentliche ... von den eigenen Werte und Prinzipien hin zu dem eigenen Werteangebot.

Baustein 2 – Führungspersönlichkeiten

Führungspersönlichkeiten müssen sich auf die Arbeit an der Organisation konzentrieren können. Themen in der Organisation darf man gern abgeben. Je weniger die Arbeit der Führungspersönlichkeiten im Vordergrund bemerkt wird, desto erfolgreicher die eigentliche Arbeit derselbigen.

Baustein 3 – Wertorientierung statt Ressourcenorientierung

In Bezug auf Wertorientierung werden Einkauf und Vertrieb andere Vertrags- und Kollaborationsmodelle finden müssen, da die bisherigen Varianten primär auf den eigenen Vorteil aus sind und stark ressourcenorientiert sind. Außerdem fehlen in fast allen Vertragsverhandlungen die wesentlichen Gesprächspartner am Tisch: diejenigen, die nachher mit dem Ergebnis zurechtkommen müssen …

Teams werden in Bezug auf Wertorientierung mehr Zeit für konzentriertes Arbeiten brauchen und damit Kapazität für Kreativität. Einen wesentlichen Beitrag liefert der Fokus auf ein Ziel, die Auswirkung der eigenen Arbeit. Und Teams haben so die Möglichkeit, echte Teams zu werden und nicht nur als lockere Arbeitsgemeinschaften nebeneinander her zu existieren.

[1] K.Beck, M.Beedle, A.Cockburn et al. : Manifest für Agile Software Entwicklung (2001) – https://agilemanifesto.org/iso/de/manifesto.html

[2] J.Patton : User Story Mapping: Discover the Whole Story, Build the Right Product (2014) - O'Reilly Verlag [3] W. Isaacson : Steve Jobs – Die autorisierte Biografie des Apple-Gründers (2012) - btb Verlag

Arbeitswelt im digitalen Wandel

Sebastian Bluhm

Überblättern Sie dieses Kapitel ruhigen Gewissens, wenn Sie davon überzeugt sind, dass Menschen und der digitale Wandel nichts miteinander zu tun haben. Wenn Mitarbeitende für Sie "Produktionsfaktoren" sind und Ihnen die Anforderungen der verschiedenen Generationen unbekannt bleiben wollen.

Künstliche Intelligenz, Cloud oder Ambient Intelligence sind Begriffe, die seit einigen Jahren immer mehr Einzug in unseren Alltag erhalten. Prozesse werden automatisiert, digitalisiert und auch an der Verbesserung von Algorithmen wird stark gearbeitet. Das alles hat Auswirkungen, die wir in unserem Alltag an unterschiedlichen Stellen wahrnehmen können. Doch auch in der Arbeitswelt sind diese Einflüsse spürbar und haben einen maßgeblichen Einfluss auf die Art und Weise wie, was und womit wir arbeiten.

Diese Veränderungsprozesse stellen Unternehmen vor unterschiedliche Herausforderungen:

Die globale Vernetzung erfordert schnelles und flexibles Reagieren, um auf Kundenwünsche eingehen zu können und im Wettbewerb zu bleiben.

Die Arbeit an sich wird immer komplexer, die Inhalte verdichten sich und die Anforderungen an Mitarbeitende steigen.

Wissen ist zu einer der wichtigsten Ressourcen geworden und

muss immer wieder aktualisiert werden. Der Wandel zur Wissensgesellschaft ist also geprägt von lebenslangem Lernen. Dies stellt Mitarbeitende wie Unternehmen gleichermaßen vor die Aufgabe, für ständige Weiterbildungen zu sorgen und das neue Wissen in den Berufsalltag schnell und effektiv zu integrieren.

Die psychische Belastung der Mitarbeitenden steigt und wird durch verschiedene Technologien, die eine ständige Erreichbarkeit gewährleisten können, beeinflusst. Für Unternehmen wird es also auch immer wichtiger, für die Gesundheit ihrer Mitarbeitenden zu sorgen.

Der Fortschritt der Technologie gestaltet sich schnell. Auch wenn einige Berufe in Zukunft ihren Wert verlieren und kaum noch gebraucht werden, wachsen auf der anderen Seite mit dem Voranschreiten der Digitalisierung eben auch die Anforderungen und der Bedarf an qualifiziertem Personal. Das bedeutet aber auch, dass sich das Bildungssystem dementsprechend verhalten muss und bereits heute an Berufe für morgen denken sollte. Auch der demografische Wandel in Deutschland und der damit einhergehenden stark wachsende Fachkräftemangel darf nicht verdrängt werden. Unternehmen stehen schon jetzt vor der Herausforderung, immer wieder Stellen neu besetzen zu müssen und das wird sich in Zukunft auch nicht ändern. Eine sinkende Geburtenrate führt schon jahrzehntelang zu einem deutlichen demografischen Wandel und einem erhöhten Altersdurchschnitt der deutschen Bevölkerung. In Zukunft werden also deutlich weniger arbeitsfähige Menschen auf dem Arbeitsmarkt verfügbar sein.

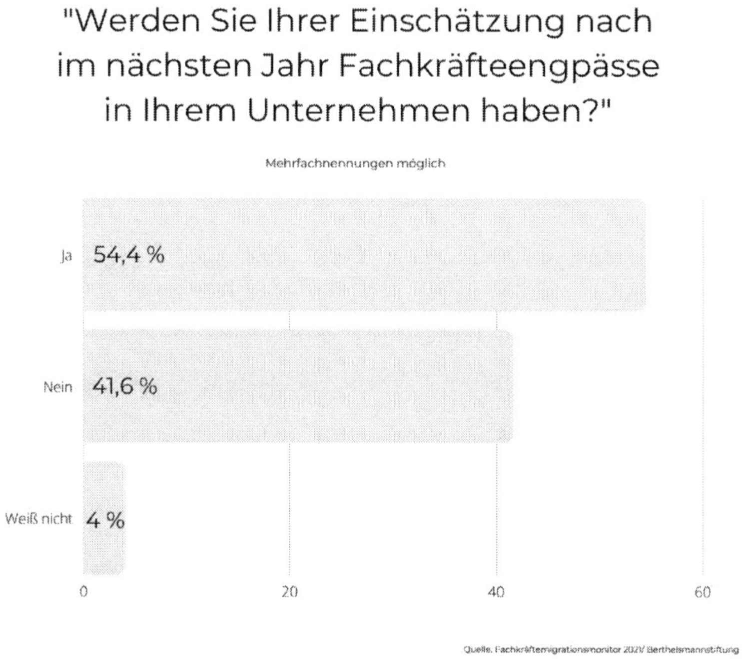

Unternehmen müssen also auf einer Seite die ältere Generation für die digitale Arbeitswelt begeistern, anderseits aber auch mit ihrem Ausscheiden für neue und genau passende Mitarbeitende sorgen. Das bedeutet, dass eine Auseinandersetzung mit den Ansprüchen der verschiedenen Generationen enorm wichtig ist. Denn auch wenn eine Generation an sich nicht als starre Gesellschaftsgruppe betrachtet werden kann und individuelle Eigenschaften eine wichtige Rolle spielen, lassen sich doch unterschiedliche Auffassungen von Arbeit der Generationen X, Y und Z beobachten. Die folgenden Erkenntnisse beruhen auf den Ergebnissen der Forschungspapiere von Prof. Dr. Antje-Britta Mörstedt – PFH Private Hochschule Göttingen.

Generation X

Die Generation X, auch Generation Golf genannt, betrifft in etwa die Jahrgänge 1965-1979 und repräsentiert aktuell die Senior-Fachkräfte in Unternehmen. Dieser Generation, von der Wirtschaftskrise geprägt, ist ein materiell abgesichertes Leben wichtig und um beruflich erfolgreich zu sein, wechseln sie auch gerne den Job. Arbeit ist eher Mittel zum Zweck und Work-Life-Balance das Motto, denn Freizeit ist ihnen auch sehr wichtig. Die Generation X strebt nach Unabhängigkeit, Entwicklungsmöglichkeiten und hohen Freiheitsgraden in der Arbeit. Und dafür bringen sie gute Ausbildungen und Qualifikationen, eine selbstständige Arbeitsweise und Ehrgeiz mit.

Generation Y

Die Generation Y oder auch Millennials genannt, umfasst die Jahrgänge 1980 bis 1993 und sind als Junior-Fachkräfte im Unternehmen unterwegs, beziehungsweise lösen gerade die Senior-Fachkräfte ab. Die Millennials machen aktuell den größten Anteil auf dem Arbeitsmarkt aus und stellen andere Ansprüche als etwa ihre Vorgängergeneration. Sie wollen Abwechslung und Sinnhaftigkeit in ihrem Handeln. Dabei verschmelzen die Grenzen zwischen Privat- und Arbeitsleben immer mehr, jedoch ist auch ihnen der Faktor Freizeit besonders wichtig. Ihr Anspruch ist, dass Arbeit Spaß machen sollte und das Team auf einer Wellenlänge ist. Die Generation Y ist flexibel und bereit, sich an neue Gegebenheiten anzupassen. Sie zeichnen sich durch Selbstständigkeit und Unabhängigkeit in der Arbeitsweise aus und haben einen hohen Bildungsstatus.

Generation Z

Die Generation Z bildet die Jahrgänge nach 1994 ab. Diese treten gerade erst in den Arbeitsalltag ein und daher ist erst in Ansätzen sichtbar, welche Anforderungen sie an die Arbeitswelt stellen. Fakt ist aber, dass sie zu den Digital Natives gehören und neue Technologien zu ihrem alltäglichen Leben gehören. Sie wollen sich nicht bloß beruflich verwirklichen, sondern vor allem auch im Privatleben. Eine Abgrenzung zwischen beiden Bereichen ist also wieder gewollt. Dafür verschmelzen die reale Welt und die virtuelle Welt bei ihnen, dies schafft vielfältige Möglichkeiten ganz unterschiedliche Wege zu gehen. Die Generation Z weiß, dass die Zukunft unsicher ist und ergreift deshalb jede spannende berufliche Möglichkeit, die sich bietet.

Unternehmen, die verstehen, dass verschiedene Generationen auch unterschiedliche Anforderungen an ihren Arbeitsplatz haben und diese Unterschiede auch berücksichtigen, werden nicht nur zufriedene und motivierte Mitarbeitende binden, sondern vor allem auch finden können.

Eine übergeordnete Herausforderung für alle Unternehmen im Kontext der Transformation der Arbeitswelt ist also, Rahmenbedingungen zu schaffen, die den Menschen stärker in den Fokus stellen, um im „War for Talents" nicht zu verlieren und dadurch die Konkurrenzfähigkeit zu verlieren.

Herausforderungen im Wandel

Auch wenn viele Unternehmen, vor allem Start-ups, schon auf einem guten Weg sind Strategien für den Wandel der Arbeitswelt zu entwickeln, hakt es leider beim Großteil der gestandenen Unternehmen noch. Es gibt drei große Bereiche, in denen ein Umdenken nicht nur erforderlich ist, sondern die Umsetzung an sich erst möglich macht.

Organisationskultur

Organisationen und Unternehmen sind häufig wie eine Art Pyramide aufgebaut. Wie auch die echten Pyramiden ist diese Art der Organisationsform ein extrem traditionelles Modell und besitzt strukturelle Konstruktionsfehler für eine moderne Arbeitswelt.

An der Spitze sitzt die Geschäftsleitung mit der höchsten Entscheidungsmacht. Diese nimmt nach „Unten“ immer weiter ab, bis sie bei einigen Mitarbeitenden quasi gar nicht mehr vorhanden ist. Es ist oft zu beobachten, dass die oberste Ebene immer das „letzte Wort“ in Entscheidungsprozessen hat und nichts im Unternehmen ohne deren Einwilligung anders gemacht oder umstrukturiert wird. Die Entscheidungswege sind lang, somit von zeitlicher Dauer und vor allem bürokratisch gestaltet. Diese stark hierarchisierte Unternehmensstruktur bremst jedoch alle Möglichkeiten der Veränderung aus. Nicht nur, dass Unternehmen mit starren Hierarchien nicht wirklich den Ansprüchen der verschiedenen Generationen gerecht werden können, sie nehmen sich dadurch selber die Chance, ein attraktives Unternehmen zu sein und wirklich passende Mitarbeitende zu finden.

Auf der anderen Seite bewirken starre Hierarchien auch eine gewisse Inflexibilität. Das Reagieren auf Trends oder Kundenwünsche geschieht langsam. Zu langsam, wenn die Konkurrenz hingegen schon längst die Chance ergriffen und jetzt einen klaren Vorteil hat.

Führungskultur

Die Führungskultur ist häufig Problem und Lösung in einem. Führungskräfte haben also eine hohe Verantwortung im Unternehmen, die sie zunächst auch erst einmal selber erkennen müssen. Selbstführung ist hier ein wichtiges Stichwort. Führungskräfte müssen Verantwortung auch wirklich wollen und die Fähigkeiten, die es dazu benötigt, ständig ausbauen und optimieren. Dazu gehört eben auch, sein eigenes Handeln zu reflektieren und kritisch zu hinterfragen. Herrscht in einer Organisation ein schlechtes Arbeitsklima und hohe Fluktuation durch unzufriedene Mitarbeitende, dann gehört dieser Umstand zum Versagen der

Unternehmensleitung. Einer der häufigsten Gründe für Kündigungen von Mitarbeitenden ist immer noch schlechte Führung.

Dass Führungskräfte also so viel Einfluss auf die Mitarbeitenden haben, bedeutet aber auch, dass sie ganz viel verändern können und den Wandel mit ihren Fähigkeiten mit gestalten können. Und das färbt natürlich auch auf das Team ab. Am Ende können Führungskräfte nämlich nichts von den Mitarbeitenden verlangen, was sie selber gar nicht einhalten können.

Mindset & Selbstführung

Die Vorbildfunktion der Führungskräfte ist enorm wichtig, so auch ihre innere Haltung und Einstellung. Wer glaubt, bereits vollkommen zu sein, dem sei gesagt, dass dies ein fataler Fehler ist. Denn Entwicklung ist eines der wichtigsten Elemente für das eigene Mindset.

Oftmals scheitern Veränderungsprozesse im Unternehmen, weil an einigen Stellen immer noch Menschen mit einem veraltetet Mindset agieren. Am Ende nützt es nichts, wenn das Unternehmen einen Kulturwandel anstrebt, die Führungskräfte oder Mitarbeitenden aber keinen Wunsch nach Veränderung haben und diesen Wandel im Ergebnis unbewusst sabotieren. Es ist die Einstellung und Selbstführung aller Beteiligten wichtig, um den Prozess erfolgreich zu gestalten. An dieser Stelle wird auch wieder die Verantwortung der Führungskräfte deutlich und die Wichtigkeit ihrer inneren Einstellung, denn mit dem richtigen Mindset können sie als Beschleuniger für die Motivation der Mitarbeitenden agieren.

Chancen durch radikalen Wandel (Positionierung)

Unternehmen, die Sinn, Vision und Werte definiert haben und danach leben, haben anderen Unternehmen gegenüber einen klaren Vorteil. Sie wirken im Gesamtauftritt authentischer und ziehen allein dadurch schon Menschen mit ähnlichen Werten an. Von potenziellen Bewerbenden, aber auch den eigenen Mitarbeitenden als attraktiver Arbeitgeber wahrgenommen zu werden, ist absolut wichtig, um sich genügend Fachkräfte zu sichern. Darüber hinaus gibt es allerdings noch weitere Vorteile, die das Unternehmen deutlich erfolgreicher machen.

Vorteile eines attraktiven Arbeitgebers:

- Können sich Mitarbeitende mit den Werten des Unternehmens identifizieren, sind sie um ein Vielfaches engagierter. Das wiederum hat Auswirkungen auf den Erfolg des Unternehmens, denn diese schneiden im Schnitt um 202 % besser ab (Quelle: Dale Carnegie).
- Mitarbeiterzufriedenheit senkt die Fluktuation und das spart dem Unternehmen dadurch verschiedene Ausgaben. Beispielsweise kostet eine Kündigung dem Unternehmen etwa 14.900 Euro (Quelle: Deloiette Studie).
- Mitarbeitende mit einer hohen emotionalen Bindung zum Unternehmen weisen 41 % geringere Fehlzeiten auf. Das bedeutet also auch, dass Unternehmen mit der Definition von Werten mehr Produktivität aufweisen können (Quelle: Gallup Studie).

Wundermittel New Work?

Unternehmen versuchen, den neuen Ansprüchen an Arbeit und den rasanten Wandel diesbezüglich mit Elementen des New Work zu entgegnen. Was New Work betrifft, herrschen oft falsche Vorstellungen und Erwartungen in den Köpfen der Menschen und es kursieren einige Irrtümer darüber. Nur weil einige Unternehmen derzeit ihre Mitarbeitenden ins Homeoffice schicken, ist das noch lange kein New Work.

Deshalb gilt es einige dieser Irrtümer jetzt aufzuklären, bevor man sich dem Thema New Work ernsthaft widmet. Es sei von Anfang an gesagt, dass New Work Mythos und Chance zugleich ist und nicht als Wundermittel für den Erfolg eines Unternehmens betrachtet werden darf.

- **Irrtum 1: New Work ist Dauerparty mit Obstkorb und Kickertisch!**

Hier gibt es kostenloses Obst und viel Kaffee, außerdem steht im Pausenraum ein Kickertisch! Leider sind das oftmals in Stellenanzeigen oder auf Karrierewebseiten Argumente, um potenzielle Bewerber zu überzeugen. Der Gedanke des Unternehmens dahinter: Wir sind modern, wir machen New Work. Doch genau das ist es nicht. New Work ist vor allem mit Arbeit verbunden und nicht bloß mit Party und Spaß.

- **Irrtum 2: New Work ist die Universallösung!**

Elemente des New Work können ein Unternehmen auf jeden Fall erfolgreicher machen, eine Universallösung für jedermann ist es jedoch nicht. New Work ist vor allem Entwicklung, viel Arbeit, eine hohe Verantwortung und schnelles Reagieren. Und das gehört mit Selbstführung, Selbstverantwortung und Freiheit zusammen.

Und eben diese ist nicht für jeden das Richtige.

- **Irrtum 3: New Work rettet die Welt!**

Es wird häufig davon gesprochen, dass die Arbeit sinnerfüllend sein soll. Der Grundgedanke dahinter ist auch richtig, dennoch muss und kann nicht jeder Arbeitsschritt die Welt ändern, verbessern oder retten. Es geht mehr um das große Ganze, sich als Teil einer Gemeinschaft Gefühlen, die gemeinsam an einem Ziel arbeitet. Jeder muss also den Sinn seines täglichen Handelns für sich selber finden.

Unternehmenskultur als Sinntreiber

Der Kernpunkt erfolgreicher Unternehmen ist das Fundament der Unternehmenskultur und ein gemeinsamer Sinn beziehungsweise Zweck. Es gibt die verschiedensten Produkte und Dienstleistungen auf dem Markt und irgendwo wird man diese immer günstig oder sogar kostenlos finden. Entscheidend für das Unternehmen ist an dieser Stelle, den Unterschied und die Abgrenzung zu anderen durch klare Kommunikation und Positionierung herzustellen. Der Sinn, also das Warum, muss in den Vordergrund rücken und andere Menschen dadurch inspirieren. Als Arbeitgeber hat man die Chance, durch einen gemeinsamen Sinn eine hochemotionale Verbindung zu den Mitarbeitenden zu finden.

Der “Golden Circle” von Simon Sinek beschreibt, warum die Suche nach Sinn und Vision für Unternehmen enorm wichtig ist.

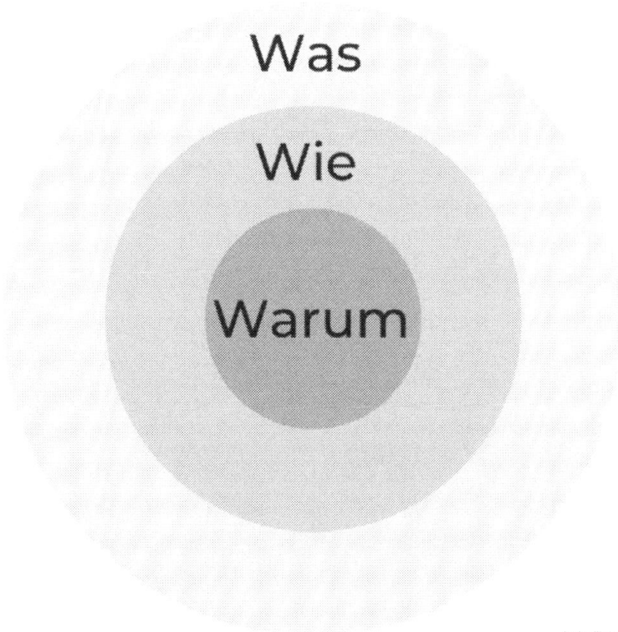

Golden Circle nach Simon Sinek

Die meisten Unternehmen können wohl die Frage beantworten, WAS sie produzieren oder anbieten. Damit sind sie ein Unternehmen von vielen. Die Frage nach dem WIE ist schon um einiges spezieller, denn hier werden die ersten Unterschiede zu anderen Unternehmen deutlich. Den wirklich entscheidenden Unterschied macht allerdings die Frage nach dem WARUM. Die wenigsten beantworten diese Frage überhaupt.

Unternehmen, die ihr Warum definieren können und klar nach außen kommunizieren, werden genau die richtigen Bewerber, Partner und Kunden anziehen, die sie brauchen. Denn ein gemeinsamer Sinn ist immer noch der stärkste Motor für erfolgreiche Arbeit. Das Produkt oder die Dienstleistung rückt in den Hintergrund, während der Mensch mit seinen Bedürfnissen in den Fokus gerät.

Werte als gemeinsamer Kompass

Sinn und Vision in einem Unternehmen sind genauso wichtig wie die gemeinsamen Werte. Aktuell finden sich zwei unterschiedliche Tendenzen:

- Unternehmen haben ihre Werte identifiziert und richten ihr Handeln danach aus, kommunizieren diese aber nicht proaktiv nach außen. Dabei besteht gerade damit die Chance, sich als attraktiver Arbeitgeber zu positionieren und potenzielle Bewerbende anzuziehen.
- Unternehmen haben Werte definiert und kommunizieren diese auch, leben und handeln aber nicht danach.

Während im ersten Fall Potenzial verschenkt wird, betrifft der zweite die Authentizität eines Unternehmens. Werte sollten nicht aus Marketingzwecken heraus definiert werden, sondern aus klarer Überzeugung. Deshalb sollten sie auch immer erkennbar sein, egal, ob im Kundenkontakt, in der Öffentlichkeit, im Team oder im Umgang mit neuen Bewerbenden.

Um die Werte für das eigene Unternehmen zu finden, gibt es zwei unterschiedliche Varianten. Als Erstes kann hier die Top-Down Variante genannt werden, die meistens in der Start-up Phase sinnvoll ist. Die Gründer und die Geschäftsführung definieren dabei die Werte und stellen sie den Mitarbeitenden vor. Das kann gut funktionieren, wenn die bereits vorhanden Mitarbeitenden von Anfang an nach diesen Werten ausgesucht wurden.

Schwieriger wird es, wenn bereits ein großes Team besteht. An dieser Stelle ist es ratsam, die Bottom-up Variante zu wählen, denn hier werden alle Mitarbeitenden aktiv in den Prozess mit eingebunden. Dabei wird herausgearbeitet, was alle gemeinsam antreibt, was ihnen wichtig ist und was sie besonders macht. Das ist oftmals ein längerer Prozess, lohnt sich am Ende aber immer. Denn dadurch gewinnt das gesamte Unternehmen nicht nur mehr Klarheit, sondern auch anhand dieser Werte die genau passenden Mitarbeitenden für das Unternehmen.

Technologien und die Digitalisierung sind mitverantwortlich für den Wandel der Arbeitswelt. Die Auffassung und Anforderungen an die Arbeit haben sich verändert, der Fachkräftemangel jedoch wird weiterhin für viele Unternehmen eine Herausforderung bleiben. Die Organisations- und Führungskultur, wie auch die innere Einstellung sind Dreh- und Angelpunkt für Veränderungen und Anpassungen im Unternehmen.

Bestimmte Elemente aus New Work können Unternehmen dabei helfen, diesen Wandel erfolgreich zu meistern. Entscheidend ist, dass sich Unternehmen auf das WARUM fokussieren. So grenzen sie sich von durchschnittlichen Unternehmen ab und stechen positiv durch ihre klare Positionierung hervor. Das begeistert nicht nur bestehende Mitarbeitende, sondern zieht neue und passende Bewerbende regelrecht an und hat darüber hinaus zahlreiche Vorteile für das Unternehmen. Ein attraktiver Arbeitgeber zu sein, bedeutet also auch sich im „War for Talents" zu den Gewinnern zählen zu können.

Bausteine

In welche Richtung sich die Arbeitswelt in Zukunft verändern wird, können wir nicht wissen. Allerdings lassen sich Tendenzen erkennen, die zum Spekulieren einladen und mehrere denkbare Szenarien zulassen.

- **Wissensarbeit im Fokus (nächste 5 Jahre)**

Künstliche Intelligenz wird mit großer Wahrscheinlichkeit immer mehr Einzug in unsere Arbeit finden. Allerdings gibt es auch Bereiche, die KI zumindest in naher Zukunft nicht übernehmen kann. Das betrifft vor allem Berufe, die eine Interaktion mit dem Menschen erfordern. Die Pflege von Menschen, Beratung oder Coaching, all diese Bereiche benötigen Empathie und Kreativität, die Maschinen bisher nicht auf diesem Level leisten können. Das beutetet aber auch, dass die Arbeit, die wir verrichten, hauptsächlich auf Wissen basieren wird und Weiterentwicklung eines der wichtigsten Elemente wird. Der jetzt bereits erkennbare Trend einer Wissensgesellschaft wird sich in den nächsten fünf Jahren noch vielmehr verstärken. Ein lebenslanges Lernen wird zu einer absoluten Notwendigkeit für fast alle Menschen im Berufsleben werden. Eine Ausbildung oder Hochschulabschluss ist, wenn überhaupt, höchstens ein Indikator für eine Einstiegsqualifikation. In einem zunehmenden Maße wird die berufliche Entwicklung von Menschen durch erfolgreiche Ergebnisse ihrer Tätigkeiten beeinflusst werden. Auf diesen Trend deutet die zunehmende Verbreitung von neuen Arbeitsmethoden und Techniken, wie Agilität, Key Performance Indicator oder Objectives and Key Results klar hin.

- **Work-Leisure-Mix (nächste 3 Jahre)**

Aufgrund der Tatsache, dass unser Wissen unabhängig vom Ort ist und jederzeit verfügbar, wird es in den nächsten drei Jahren immer mehr Remote-Work in Unternehmen geben. Das klassische 9 to 5 Modell hat ausgedient, vielmehr werden sich die Menschen die Arbeit so legen, dass sie tatsächlich zum eigenen Leben passt. Das wiederum hat zur Folge, dass die Entgrenzung von Arbeit und Privatleben immer mehr stattfinden wird. Man kann insoweit von einem Work-Leisure-Mix sprechen, wo Arbeit und Freizeit sich flexibel und sinnvoll mischen. Der Grad an Freiheit und Verantwortung für Mitarbeitende in diesen Bereichen wird deutlich steigen und vor allem die Fähigkeit zur Selbstführung erfordern. Damit wird auch das fehlerhafte Konzept der Work-

Life-Balance oder Work-Life-Blending abgelöst werden.

- **Flexible hierarchiearme Organisationen (nächste 6 Jahre)**

Die starren Hierarchien in Unternehmen führen langfristig zur Stagnation. Das werden sich in den nächsten sechs Jahren immer weniger Unternehmen erlauben können. Um im Wandel bestehen zu können, werden sich immer mehr Unternehmen umstrukturieren und deutlich flexibler werden. Denkbar ist allerdings auch, dass im Laufe der Zeit immer mehr „Solopreneure“ entstehen. Die klassische Lohnarbeit wird sich verringern, stattdessen werden Menschen ihre Talente an mehrere Arbeitgeber verkaufen.

Schön, dass Sie zum Ende geblieben sind. Sie sind den ersten wichtigen Schritt gegangen. Jetzt brauchen Sie nur noch Kontinuität und Neugier.

Auszüge des Interviews während der Recherche, zu diesem Buch. Den Link zum vollständigen Interview finden Sie am Ende dieses Kapitels.

Interview mit Frank Asmus – Zukunft für Keynotespeaker und Coach

„Identität schafft Identifikation – Menschen folgen Menschen"

Frank Asmus erzählt in dem Interview, dass er bereits zu Beginn der Pandemie, als sich die zunehmende Digitalisierung der Kommunikation abzeichnete, mit seinen Geschäftspartnern mitzog.

Eine Investition von 10.000 Euro sorgte dafür, dass er die Kommunikation – also den wichtigsten Teil seiner Aktivität– auch weiterhin effizient durchführen konnte.

Dazu gehört sein professionelles Kamera-Equipment mit Teleprompter. Ein Gamechanger für alle Menschen, die im Coaching sind oder viele Einzelgespräche durchführen, da es so möglich bleibt, dem gegenüber im Videochat in die Augen zu schauen.

Asmus hat als Speaker alle seine Vorträge im letzten Jahr nur virtuell gehalten. Er sieht voraus, dass auch in Zukunft vieles digital bleiben wird. Nur die herausragenden Events werden wieder in Präsenz stattfinden.

Drei wichtige Bausteine für die Zukunft

Im neusten Buch von Frank Asmus „IMPACT![71]" geht es um drei Aspekte. Die drei wichtigsten Zukunftsbausteine, aus seiner Sicht, um Menschen zu erreichen:

- **Logos**
- **Pathos**
- **Ethos**

Mit diesen Begriffen lassen sich sehr gut die neuen Erkenntnisse der Kommunikationspsychologie einfangen, zu denen Asmus Tipps gibt.

Logos – die Sprache

Hier geht es um den Gehalt der Aussage. Um die Klarheit, die nicht so einfach zu erreichen ist. Es handelt sich um kommunikationspsychologische Prinzipien, die Berufspersonen dabei helfen, klarer zu werden. „24 Botschaften für die neue Strategie" ist nicht die richtige Aussage. Jeder kann sich hier herauspicken, was er brauchen kann. Eine klare Nachricht dringt dabei nicht durch. Beschränke dich auf drei Stichpunkte. Das tun die starken und wirksamen Kommunikationen weltweit. Nur drei klare Botschaften, mit einer aussagekräftigen Überschrift.

Pathos – die Emotionen

Menschen überzeugen heißt in Wahrheit, sie emotional zu berühren. Es geht um Gefühle, um Emotionen. Das hat damit zu tun, wie Bilder durch Sprache bewertet und eingeschätzt werden. Welche Sprache nutzt du? Sei dir darüber klar: Die verwendete Sprache gibt den Gefühlen einen Rahmen. Das ist Kommunikationspsychologie.

---

[71] Goldegg Verlag, Frank Asmus, Impact! Wie Sie sich und andere überzeugen - Power of Influence ISBN: 978-3990602188

Jeder Überzeugungsvorgang beruht auf Identifikation. Du bist bei einem Unternehmen, weil du dich in gewisser Weise mit diesem Unternehmen identifizierst. Identität schafft Identifikation. Es ist die Art, am schnellsten Unternehmen zu skalieren oder bekannt zu machen. Deshalb gehen Menschen, wie zum Beispiel Elon Musk oder Steve Jobs, auf die Bühne. Man kann eine Persönlichkeit sehen.
Wir sind Menschen. Menschen folgen Menschen. Deshalb sind US-Amerikanische Leader auch häufig erfolgreicher als Deutsche. Sie verstecken sich nicht hinter Verkleidungen und Konventionen. Authentizität ist wichtiger als rhetorisches Wirkbewusstsein. Die großen Leader der Weltgeschichte haben durch Narrative große Massen bewegt.

Ethos – die Werte

Bei Ethos geht es darum, wofür du stehst und welche Werte, Vision oder Mission hast du. Eine Organisation ist aus Werten gemacht. Ein Leader ist jemand, der den höchsten Standard an diese hat und diese Werte vorlebt. Wenn die Vorstände das nicht tun, ist der entsprechende Plot unnütz.

Ethos bedeutet auch, in welche Richtung du gehst. Wir haben alle Werte, bewusst oder unbewusst. Werte sagen uns, wann wir uns gut und wann schlecht fühlen. Asmus schlägt vor, eine Werte-Hierarchie zu machen. Es gibt immer wichtigere Werte als andere und die Einschätzung dieser kann individuell unterschiedlich sein. Werte sind nicht unbedingt das, wie du lebst, sondern wie du leben willst. Wie wollen wir als Gemeinschaft in einem Unternehmen sein? Es kann sich um ein gemeinsames Ziel handeln, das nicht unbedingt bereits verwirklicht sein muss.

Das ganze Interview finden Sie im dcommerce Blog, den Podcast auf itunes, spotify und google podcast und das Video unter youtube jeweils im dcommerce Channel:

https://dcommerce.blog/2021/06/digitale-revolution-frank-asmus/

Auszüge des Interviews während der Recherche, zu diesem Buch. Den Link zum vollständigen Interview finden Sie am Ende dieses Kapitels.

Interview mit Lars Jankowfsky – Remote- Offshore-Arbeitskräfte die Zukunft der Arbeitswelt

Jankowfsky ist schon lange dabei, er kennt sich aus in der Digitalisierungsbranche. Seine Aktivitäten waren eigentlich nie als Business gedacht, doch alles, was er anfasst, wird zu Gold. Der Erfolg ist sozusagen „passiert".

Bei seinem Einstieg bei NFQ in Litauen erkannte Jankowfsky: Die 180 Entwickler von NFQ in Litauen waren nicht genug. Ein weiteres Wachstum war erforderlich. Da Litauen mit nur 3 Millionen Einwohnern ein kleines Land ist, ist es schwierig, dort entsprechende Talente zu finden. Die Fragestellung war also: Wo gibt es die besten Zukunftschancen für Software-Entwickler? Jankowfsky fällte nicht die naheliegende Entscheidung, weiter in den Osten zu expandieren, sondern er ging nach Asien. Die Energie der Menschen dort und die Geschwindigkeit, mit der sich der Markt entwickelt, unterscheiden sich grundlegend von Europa. Nach einem Jahr Scouting in Südostasien viel die Wahl auf Vietnam, NFQ Asia wurde gegründet.

Vietnam war zuerst nicht die erste Wahl. Bei näherer Betrachtung war aber klar, dass das Land sehr hochqualifizierte Experten bot, die oft schon selbst im Ausland gearbeitet hatten. Zudem gab es weniger Konkurrenz der großen Firmen, die Talente abwerben, wie das zum Beispiel in Indien der Fall ist.

Lars Jankowfsky übernimmt heute selbst Aufträge von Unternehmen oder stellt Teams in Offshoring für Firmen zusammen, die qualifizierte Mitarbeiter benötigen. Die Teams sind hierarchisch aufgebaut. Mit Managern, Schnittstellen zum Kunden, Junior-Entwicklern und Senior-Entwicklern. Es ist sogar ein eklatanter Anteil deutscher Mitarbeiter in Asien dabei.

Offshoring als Zukunftsbaustein für Digitalisierung und Wachstum

Diese Art von Offshoring hat allerdings nur Sinn, wenn das Unternehmen auch weiß, wie es mit der Ressource umgehen muss und die Arbeit dementsprechend verteilt. Information soll schnell und effizient fließen können. Covid-19 hat hier auch für Reibungen gesorgt. Geschäftsreisen sind jetzt nicht mehr möglich und in Videokonferenzen können sprachliche und kulturelle Barrieren zu Problemen führen, wenn es im Vorfeld keine ausreichende Vorbereitung gibt. Arbeitspakete, Arbeitsbereiche und Qualitätskontrolle müssen klar definiert sein. Ein externes Team braucht ebenso Führung und Organisation, wie das bei einem internen Team in Deutschland der Fall wäre. Besonders, wenn der Entwickler irgendwo auf der Welt sitzt, müssen die Organisation und das Feedback sehr effizient laufen. Das bedeutet, gerade in großen Geschäftsstrukturen, kann die Zusammenarbeit mit einem Team in Offshoring eine längere Vorbereitung brauchen.

Für diejenigen, die in Digitalisierung investieren möchten, kann Offshoring ein wichtiger Baustein sein, um die Digitalisierung in Zukunft voranzutreiben oder überhaupt erst umzusetzen. Auch Covid-19 hat diese Tendenz beschleunigt. Es gibt wenig Talent auf dem Markt. Auch in deutschen Ballungszentren arbeiten mittlerweile viele Menschen aus dem Ausland in den Startups. Das ist durchaus positiv, führt aber auch zu interkulturellen Problemen im Team. Auf dem Land hingegen ist ein starkes Wachstum schwierig.

Deshalb sagt Lars Jankowfsky abschließend: „Die Menschen sagen mir immer, sie ziehen es vor, ihr Team bei sich zu haben. Das ist auch richtig. Wenn das aber nicht klappt, ist Offshoring die beste Alternative.“

Das ganze Interview finden Sie im dcommerce Blog, den Podcast auf itunes, spotify und google podcast und das Video unter youtube jeweils im dcommerce Channel:

https://dcommerce.blog/2021/06/digitale-revolution-lars-Jankowfsky/

Digitalisierung-Dienstleistung Radikal den Kunden digital glücklich machen – JETZT!

Timo Weltner

Das allererste Mal habe ich 2005 für den „traditionellen Mittelstand“ eine Commerce-Plattform (damals nannte man es noch ziemlich schnöde einen „Shop“) mit begleitet. Seither ist viel passiert, aber leider nicht, dass bei diesen tradierten Unternehmen sich das Mindset in die richtige Richtung entwickelt hat.

Ich habe vier grundsätzliche Hypothesen entwickelt, die den meisten traditionellen mittelständischen Unternehmen fehlen und weshalb ich auch glaube, dass Sie perspektivisch nicht mehr (eigenständig) existieren werden. Das klingt natürlich hart, aber es ist keine Frage von Technologie, dem richtigen Produkt oder anderen „Neuen“ Themen. Das Kernproblem ist das Mindset einer Organisation, meistens schon auf Top-Management Ebene. Es ist bequem im hier und jetzt, man macht EBIT und wächst im einstelligen Prozentbereich. Wieso soll ich mich da auf die nächste „Revolution“ vorbereiten? Das ist leider ein typisch deutsches Phänomen. Wir sind stolz auf das erreichte – die Vergangenheit und übersehen das von anders woher das nächste Tesla oder Amazon um die Ecke kommt. Ich will nun aber nicht weiter allgemein bleiben, sondern meine drei Hypothesen – welche für die erfolgreiche „Digitale Revolution“ ihres Unternehmens entscheidend sind – vorstellen.

Baustein: Mut zur Lücke

Haben Sie das gerade richtig gelesen? Mut zur Lücke? Ja, genau! Was früher bei der Latein-Klassenarbeit galt, ist auch in der Digitalisierung gefordert. Ich mag das Wort „MVP" schon nicht mehr in den Mund nehmen, weil es zu kurz gegriffen ist und mit diesem Thema zu häufig verbunden wird. Es geht hier aber um viel mehr. Ich habe in vielen Beratungsmandaten und Projektstarts immer wieder festgestellt, dass schlicht überhaupt der Mut zum Loslegen fehlte, weil man große Angst hat, etwas falsch zu machen oder zu vergessen. Oft merke ich, wie permanent neue Fragen aufgeworfen werden, Risiken identifiziert werden oder die Komplexität des Vorhabens ins Unermessliche kommt. Ich habe in den letzten 5 Jahren diversen größeren Einkaufsgenossenschaften beim Einstieg in die Digitalisierung geholfen. Ob das nun EURONICS, INTERSPORT, ZEG-Holz oder ein Reformhaus war. Eine der schwierigen und aus dem Weg zu räumenden Steine war, dass man immer alles perfekt machen musste und auch für jeden Kunden und jede Händlergruppierung vom Start weg die perfekte Lösung bieten musste.

Das geht nicht! Basta! Wer „Digitale Revolution" mit den Methoden eines Hausbaus angehen will, wird scheitern. Bei einem Hausbau müssen Sie vorher wissen, was Sie wollen, denn das bekommen Sie. Wenn Sie jedoch ihre Organisation oder ihr Unternehmen für die Zukunft fit machen wollen, ist das Betreten von neuem Terrain. Da kann man nicht wissen, was einen erwartet und es funktioniert auch nicht, wenn man meint, dass man die alte Welt im neuen Terrain einfach in anderes Gewand werfen muss und dann passt das schon.

Daher die klare Empfehlung: Gehen Sie los ohne einen Plan, ohne alles vorher wissen zu wollen, aber machen Sie vor allem den ersten Schritt. Es ist unumstößlich, dass die Handelswelt der Zukunft in wesentlichen Teilen digital stattfindet. Die vorhin genannten Genossenschaften, die allesamt auch immer aus der „alten Handelswelt“ mit der noch schönen Innenstadt und florierenden Einkaufszentren stammen, einen sich in einer Sache: Wichtig war für die Verbundgruppen immer, dass die „Zuführung von Kunden ins stationäre Fachhandelsgeschäft“ eines der obersten Ziele der neuen Marktplätze oder E-Commerce Plattformen sein soll.

Baustein: Kundenzentriertheit

Ja, richtig gehört – den Online-Kunden ins stationäre Geschäft treiben. Was für ein Irrsinn! Hier können wir mittlerweile nur jedem Kunden schon zum Start der Zusammenarbeit ins Gesicht sagen, dass er so nicht überleben wird. Oder wie oft haben Sie sich beim durchstöbern eines Online-Shops gedacht – „ach jetzt gehe ich zu dem mal vor Ort und schaue mir das in Ruhe noch an“. Hand aufs Herz, ja das passiert – bei der Couch fürs Wohnzimmer, weil man drauf liegen will – aber im meistens nicht mehr als in einem von zehn Fällen.

Versetzen Sie sich doch mal in den Kunden, was eigentlich nicht schwer ist. Wir selbst sind andauernd Kunde mit Bedürfnissen. Die wenigsten Handelsorganisationen haben sich schon mal mit einer Customer Journey oder einer Bedürfnisanalyse auseinandergesetzt. Hier wird in Sortimenten gedacht und in Lagerumschlags-Kennzahlen. Kunden sind Menschen und Menschen mögen es komfortabel. Nehmen wir das Beispiel Lebensmitteleinzelhandel, ein nach wie vor ja noch im Aufbau befindlicher Online-Markt. Ich habe neulich selbst in einem Edeka gestanden und einen großen Einkaufszettel meiner Frau in der Hand gehalten, mit allerhand

Kommentaren bei den einzelnen Produkten: Mozzarella, aber bitte pasteurisiert und Frischkäse, ganz wichtig, bitte ohne Zucker!

Nun steh ich vor dem Regal und drehe ein Frischkäse nach dem anderen um und suche auf der Zutatenliste nach dem Wort Zucker (mir war vorher nicht klar, dass es überhaupt Zucker in Frischkäse gibt). Selbiges beim Mozzarella. Macht das Spaß? Nein! Was ist das Bedürfnis eines Kunden? Einfachheit – und die ist natürlich in einem Online-Shop mit Filtermöglichkeiten nach Zutaten und ähnlichem deutlich einfacher. Oder wie wäre es mit einer „Digitalen Revolution" im stationären Geschäft, mit einer Brille, die jeder Kunde beim Betreten bekommt und nun nur noch im Smartphone sagen muss, was er will und auf der Brille bekommt er angezeigt, wo es steht.

Das ist die Digitale Revolution in der Kundenzentriertheit. Bedürfnisse des Kunden erkennen, verstehen und in innovative Lösungen übersetzen und diese dann auch noch erstklassig umsetzen. Ich stelle jedoch immer wieder fest, dass das Festhalten an alten Gegebenheiten dem im Weg steht.

Baustein: Radikal und kompromisslos

Ich bleibe bei meinem Beispiel der Handelsgenossenschaften. Hier wird oft in großen Runden mit Händlern und Mitarbeitern der Zentrale über alle möglichen Themen gesprochen – auch was die Digitale Welt angeht. Problem dieser Runden ist, das meistens versucht wird ganz viele Stakeholder – meistens die eigenen Händler und interne Abteilungen (die auch in Zukunft eine Daseinsberechtigung wollen) – unter einen Hut zu bringen. Wer in so einer Runde aber nie dabei ist, ist der Kunde. Also derjenige, der letztendlich das Geld von außen in die Organisation bringt.

Neben der daraus resultierenden enorm internen Sicht auf die Zukunft führt es aber in aller Regel auch zu einer einzigen großen Kompromisslösung. Wir wollen die kleinsten Händler und unsere großen Filialisten integrieren, sowohl die Billig-Marke als auch das Premiumsortiment und eigentlich sind wir nachher ein undefinierter Bauchladen. Das ist so oder so ähnlich quasi immer vorgekommen und führt natürlich zu einem einzigen großen Kompromiss. Was in der Politik gegebenenfalls gut sein mag, ist es aber nicht auf dem Weg, Ihre Organisation fit für die "Digitale Revolution" zu machen: Sie müssen radikal sein, sie dürfen keine Kompromisse eingehen. Ja, das kostet manchmal Geld, das kostet Arbeitsplätze (die dann wo anders wieder entstehen) und es kann auch sein, dass – wie im Falle der Handelsgenossenschaften – einzelne Händlerstrukturen auf der Strecke bleiben. Aber die Alternative ist, dass Sie den Kunden verlieren und damit auf lange Sicht ihren relevanten Umsatzstrom.

Baustein: Wertschöpfung

Neben den Fragen nach Executive (Mut zur Lücke), Antrieb (Kundenzentriert) und Mindset (Radikal) ist die Frage der Wertschöpfung nicht ganz so einfach zu beantworten, hier muss ich etwas ausholen. Ich glaube grundsätzlich, dass es zukünftig noch drei relevante „Player" auf dem Weg zwischen Produkthersteller und Kunde gibt.

Hersteller	Dienstleister	Marktplatz

Ich hatte mehrere Jahre die Möglichkeit, tiefere Einblicke in den Independent Automotive Aftermarket, also den markenunabhängigen Autoersatzteilmarkt, zu bekommen. Hier gibt es zum Teil absurd anmutende 6 bis 8 (!) stufige Handelsstrukturen, wovon man getrost 3 bis 4 streichen kann, weil Sie eigentlich keinen wirklichen Mehrwert (also keine Wertschöpfung) auf dem Weg vom Hersteller zum Kunden haben, außer da Sie X % von der Marge abhaben wollen und ein Produkt somit unnötig teuer machen.

Dieses aus meiner Sicht extreme Bild einer Handelsstruktur ist aber ein gutes Beispiel für das, was „Digitalisierung“ eben auch macht: Es stellt Transparenz in Märkten her und deckt Ineffizienzen auf. Natürlich erst mal zum „Leid“ bisheriger Strukturen, aber unterm Strich werden damit Produkte entweder günstiger oder – was noch wichtiger ist – freiwerdende Budgets werden in besseren Service und innovativere Ideen investiert.

Was ich damit aber eigentlich sagen will? Überlegen Sie sich für Ihre Organisation, worin ihre eigentliche Stärke liegt, was Sie besonders gut können und fokussieren Sie sich darauf. Natürlich können Sie mittelfristig auch 2 oder gar alle 3 Stufen besetzen. Für den Start empfiehlt es sich aber, wie im ersten Teil „Mut zur Lücke“ schon geschrieben zu fokussieren. Fangen Sie da an, wo Sie schon das beste Fundament haben und wo die ersten Erfolge am schnellsten zu erzielen sind, dann wird es auch etwas mit der „Digitalen Revolution“ in Ihrem Unternehmen.

Die IT in der Digitalisierung: Vom Gatekeeper zum Enabler

Tobias Kaulfuß

Digitalisierung bedeutet heute nicht mehr länger das Digitalisieren von Geschäftsprozessen, sondern von Geschäftsmodellen. Ein Dokument digital zur Verfügung zu stellen ist eine Herausforderung, der sich die Geschäftswelt schon vor Jahrzehnten erfolgreich gestellt hat – weit erfolgreicher, als es die öffentliche Verwaltung im gleichen Zeitraum getan hat. Seit ein paar Jahren aber setzen digitale Geschäftsmodelle althergebrachte Branchen in Aufruhr. Plattform-Unternehmen wie Airbnb oder Uber werden ohne eigene Hotelzimmer oder Taxis zu Disruptoren der Hotellerie und Beförderungsbranche. Digital per Definition, setzen diese Firmen ihre IT in den Mittelpunkt des Geschäfts.

Vergegenwärtigen wir uns jedoch einen klassischen Orderprozess für Software in einem mittelständischen Betrieb, so wird hier die IT vom Enabler, also Möglichmacher, zum altertümlichen Gatekeeper, einem „Türsteher" mit Fachexpertise, der zwischen Netzwerkinfrastruktur, Druckern, Telefonie und für das Geschäft zentralen Softwaretools hin- und herspringt. Werden Projekte zu groß, so ist auch der Zentraleinkauf noch gefragt, der noch einmal über die Bestellung schauen muss, bevor die IT-Abteilung einen Kauf auslösen kann. In dem Moment kann einem gestressten Abteilungsleiter eine App, die ihm sein Mitarbeiter schon auf seinem Smartphone gezeigt hatte, als durchaus mögliche Übergangslösung vorkommen. Mit ein paar Eingaben von Kundendaten in eine solche App hätte er seine Aufgabe vielleicht schon erledigt. Die dabei übersprungenen Verbote sind zu vielfältig, um sie hier aufzuzählen. Dennoch passiert genau dies heutzutage sogar in groß angelegtem Stil. Zu Beginn des ersten Lockdowns Anfang 2020 wurde mit einem Newcomer im Videoconferencing weltweit gearbeitet: Zoom, mit Sitz in San Jose (USA), bot eine schnelle Lösung für das Arbeiten aus dezentralen Homeoffices, obgleich Sicherheitslücken bekannt waren, die es zu dem Zeitpunkt Fremden möglich machten, sich in Videokonferenzen einzuschalten. [72] Im Winter des Jahres 2020/2021 erlangte eine neue Social Networking App, Clubhouse, Berühmtheit. Auch hier konnte man rasch eine geschäftliche Nutzung des neuen Tools beobachten, welches sehr offensichtlich die Daten der Benutzer für das eigene Wachstum benutzte.

So treffen in Firmen überall Welten aufeinander: die althergebrachten IT- und Einkaufsstrukturen, die die IT-Abteilung zum Betreuer der IT-Landschaft machen, einem Gatekeeper, und neuartige Herausforderungen, die aus drei gesamtgesellschaftlichen Treibern kommen:

- Digitalisierung von Geschäftsmodellen
- Neue Arbeitsmodelle und IT-Werkzeuge im betrieblichen Umfeld sowie
- Umgang mit Daten.

Wenden wir uns nun diesen drei Strömungen zu, so darf nicht vergessen werden, dass die grundsätzlichen Hoheitsaufgaben der IT weiterhin wahrgenommen werden: die Bereitstellung funktionstüchtiger IT-Infrastruktur.

---

[72] Alexander Demling, Christof Kerkmann, Dietmar Neuerer, Stephan Scheuer: „Für Vertrauliches gilt höchste Vorsicht" – Politiker warnen vor Videodienst Zoom. In: Handelsblatt. 7. April 2020, abgerufen am 13. Februar 2021

Digitalisierung als Treiber der IT

Wir erleben in den Jahren 2020/2021 den endgültigen Durchbruch der Digitalisierung. Der Online-Handel zum Beispiel hält seinen Siegeszug über den im Lockdown größtenteils geschlossenen traditionellen, stationären Handel. Selbstverständlich kommt auch ein digitalisierter Handel nicht ohne physische Prozesse wie der Lagerhaltung und dem Transport zum Endkunden aus – dies rückt auch sehr bodenständige Herausforderungen in der Qualität der Belieferung auf der letzten Meile in den Fokus. Dennoch aber ist die Wertschöpfung vorrangig digital und die IT-Lösungen der Kern des Geschäftsmodells.

In diesem Fall ist die moderne IT-Abteilung ein Pool von Expertenwissen. Sie wird umgeben von digital hoch professionell aufgestellten Fachabteilungen und begleitet den Innovationsprozess, welcher sich aber aus den Fachabteilungen speist. Ihre hoheitliche Aufgabe der Bereitstellung von Infrastruktur bleibt eine Kernfunktion. In der Beurteilung von Software-Code, der Art und Weise der Bereitstellung von IT-Lösungen und dem korrekten Umgang mit Daten bietet die IT-Abteilung aber den Fachabteilungen einen Mehrwert, der einen Vertreter aus den Reihen der IT zu einem wertvollen Mitglied agiler Fachteams macht.[73]

Eine Kernherausforderung digitaler Geschäftsmodelle ist ihre rasante Skalierung. Eine Vervielfachung des Umsatzes in kurzen Zeitabständen bedeutet auch, dass die dahinterstehende IT-Lösung skalierbar sein muss. An dieser Stelle sind Cloud-Angebote von der reinen Bereitstellung flexibel skalierbaren Speichers

[73] vergleiche hierzu vertiefend: Nils Urbach, Frederik Ahlemann; IT-Management im Zeitalter der Digitalisierung: Auf dem Weg zur IT-Organisation der Zukunft; Berlin/Heidelberg 2016

(Infrastructure as a Service) bis hin zu vollständig in der Cloud abgebildeter Software (Software as a Service) höchst wertvolle Wege aus der Begrenzung der eigenen IT-Landschaft. Es gilt aber von vornherein die Vernetzung dieser Angebote mit der bestehenden Infrastruktur professionell zu begleiten. Dies wiederum ist eine Enabling-Funktion der IT-Abteilung.

Wie weit der Weg zur Cloud dann doch noch ist, zeigt das Statistische Jahrbuch, welches den Grad unserer Cloud-Nutzung Stand 2018 so zusammenfasst: nur 19 % aller Unternehmen mit mehr als 10 Mitarbeitern nutzen Cloud Services. Allerdings sieht man ein großes Gefälle anhand der Organisationsgrößen, da je größer die Organisation wird, die Nutzung kostenpflichtiger Cloud-Angebote stark zunimmt. Firmen mit über 250 Mitarbeitern nutzen bereits zu 49 % solche Dienste.[74]

Neue Arbeitsmodelle und Werkzeuge

Unsere Arbeitswelt wird digitaler – ja sogar unsere Arbeitsgrundlage wird digital, wie im letzten Abschnitt dargestellt. In den pandemiebedingten Lockdowns der Jahre 2020/2021 wurde gefordert, Heimarbeitsplätze für die Mitarbeiter einzurichten, wo immer es geht. Corporate Germany verlagert sich ins Homeoffice. Remote-Arbeitsplätze und somit verteilte Firmennetzwerke haben eigene Infrastruktur- und Sicherheitsherausforderungen. Im Homeoffice erleben aber auch frustrierte User in ländlichen Gebieten die Grenzen der digitalen Infrastruktur und IT-Abteilungen die Komplexität der Betreuung dezentraler Netzwerke und aus Heimnetzwerken arbeitender Mitarbeiter. Einer Erhebung von Eurostat mit Daten aus dem Jahr 2018 nach lagen deutsche

---

[74] Statistisches Bundesamt (Destatis); Statistisches Jahrbuch 2019; erschienen Oktober 2019; S. 538/539

Unternehmen mit mehr als 10 Beschäftigten bei der Nutzung von „schnellem Internet", i.e. Übertragungsraten über 30 Mbit/s, mit 51 % nur knapp über EU-Durchschnitt – und hier bewegen wir uns noch auf Basis zentraler IT-Strukturen.[75] Durch den vernachlässigten ländlichen Ausbau der Datenleistungs-Infrastruktur siegt als kurioses Beispiel im Deutschland des Jahres 2020 stellenweise aktuell aber noch der Pferdekurier gegen die Online-Datenübertragung.[76]

Die dezentrale Softwarewelt der Applikationen auf verschiedenen Endgeräten stellt bereits dem Privatuser professionelle Tools zur Verfügung. In Zeiten von Apps und immer umfangreicheren Software- und Hardware-Angeboten für den Privatgebrauch wird es für die IT-Abteilung immer schwieriger, dem Mitarbeiter ihren Mehrwert zu vermitteln, ohne zum Verhinderer und Bedenkenträger zu werden. Auf diese Weise entsteht Schatten-IT. Eine IT-Landschaft, die die Herausforderungen des Betriebs pragmatisch und schnell löst und sich einer zentralen Steuerung entzieht. Das macht sie langfristig ineffizient, da unkoordiniert, aber kurzfristig enorm attraktiv für den User. Schatten-IT muss als Folge verstanden werden. Es gilt den rebellischen Enduser mit seiner gefühlt vorschnellen Nutzung nicht autorisierter Soft- und Hardware mit seiner IT-Abteilung zu versöhnen. Das ist mitunter ein weiter Weg, aber auch ein Grund, wieso auch weiterhin auf Outsourcing von Standardleistungen wie dem Anwendersupport oder externes Expertenwissen zurückgegriffen wird. Gerade hier agieren IT-Systemhäuser als externe IT-Abteilung für ihre Kunden durch ihre breitere Basis als Unterstützer und Wegbegleiter in der Digitalisierung. Eine im Kampf mit überholter Legacy-IT, also Altsystemen, aufgeriebene interne IT-Abteilung,

---

[75] Statistisches Bundesamt (Destatis); Statistisches Jahrbuch 2019; erschienen Oktober 2019; S. 538/539

[76] Jörn Brien. „Internet-Test im Sauerland: Pferdekurier schneller als Datentransfer". In: t3n.de am 21. Dezember 2020 unter https://t3n.de/news/internet-pferdekurier-daten-1346439/ , abgerufen am 15. Februar 2021

kann den strategischen Prozess zu digitalen Produkten nicht effektiv begleiten. Immer kürzer werdende Entwicklungszyklen von Software stellen weitere Herausforderungen für personell eng ausgestattete interne IT-Abteilungen dar. Es gilt Schritt zu halten, bloß um den Status quo aufrecht zu erhalten.

Umgang mit Daten

Es ist mittlerweile eine gängige Weisheit, dass Daten das neue Öl sind. Der Kampf um die Ölquellen, unter anderem das Smartphone/die Smartwatch/das Smart-TV, ist dabei schon längst entbrannt. Die Intel® Sports Group besetzt so zum Beispiel mit eigener Technologie von Kamera über spezielle Prozessoren bis zu den dazu entwickelten eigenen Apps Sportarenen rund um den Globus – von den Olympischen Spielen über die NBA bis ins Stadion von Manchester City. Die Technologie bringt Sporterlebnisse in Virtual Reality interaktiv und personalisiert in das Wohnzimmer der Fans. So entstehen Angebote wie Intel® True View und Intel® True VR direkt an der Datenquelle[77].

Es werden jeden Tag riesige Datenmengen geschaffen, deren Eigentum weltweit sehr unterschiedlich behandelt wird. Im Umgang mit Daten konkurrieren regulatorische Systeme rund um den Globus miteinander. Während Europa auf Datenschutz als Wettbewerbsfaktor setzt, profitieren in den USA durch freizügigere Datennutzung Unternehmen von den Daten ihrer Kunden und bauen so in atemberaubender Geschwindigkeit milliardenschwere Digitalkonzerne. In China hingegen erleben wir einen immer umfassender informierten Staatsapparat mit staatlicher Datensammlung. Die einfache Nutzbarkeit

[77] Vorstellung Intel® in der Welt des Sports unter https://www.intel.de/content/www/de/de/sports/sports-overview.html ; abgerufen am 10.02.2021

von Tools aus dem Privatgebrauch im Geschäftskontext stellen allerdings auch die Hürden in der Umsetzung des Datenschutzes heraus. „Schnell“ ist nicht immer rechtskonform und „intuitiv“ nicht immer im Sinne aller. Die Datenschutzgrundverordnung (DSGVO) bemüht sich dem Eigentümer der Daten seine Rechte an selbigen zu sichern. Die daraus entstehenden Anforderungen an alle Beteiligten sind jedoch enorm und mögliche Strafen nach Artikel 83 der DSGVO mit bis zu 4 % des jährlichen weltweiten Umsatzes auch empfindlich hoch. Nicht zuletzt diese Verschärfung der möglichen Strafen führt auch dazu, dass IT-Verantwortliche auf externe Datenschutzbeauftragte zurückgreifen, um sich abzusichern.

Letztlich ist auch die IT-Sicherheit in Zeiten von Phishing (ein Begriff für das Stehlen von Daten über gefälschte E-Mails und/oder Webseiten) und Trojanern zunehmend wichtiger. Daten sind wertvoll. Die IT-Abteilung ist gerade hier uneingeschränkt verantwortlich, in ihrem Unternehmen für Informationssicherheit zu sorgen.

Der Weg zum Enabler

Die Welt der Informationstechnologie (IT) ist komplex geworden. Konnte man vor ein paar Jahrzehnten noch IT als unterstützende Funktion im Betrieb abtun, so rückte sie in den vergangenen zehn Jahren in den Mittelpunkt spannender neuer Geschäftsmodelle. Daher ist ihre Aufhängung an der Spitze des Organigramms einer jeden Unternehmung empfehlenswert, wenn nicht sogar schon Standard. Die IT-Abteilung in Zeiten der Digitalisierung soll folglich ein Begleiter und Enabler sein. Sie agiert mit den anderen Fachabteilungen eines Unternehmens auf Augenhöhe. Direktive Funktionen eines „Türstehers“, an dem niemand mehr vorbeikommt, gehören weitestgehend der Vergangenheit an. Dies gesagt sind in der IT-Infrastruktur, IT-Sicherheit und auch dem Datenschutz Themenfelder gefunden, die auch weiter eine Domäne der IT-Abteilung sein werden. Insofern öffnen sich auch neue Möglichkeiten des Outsourcings für die IT. Mit der Steuerung als Kernfunktionen der IT-Abteilung kann das Gros der Arbeit sogar disponibel in den Händen von Dienstleistern besser aufgehoben sein.

In diesem Kontext lassen sich folgende Vorteile des Outsourcings festhalten:

- Erhöhte Schnelligkeit der Entwicklung
- Multiplikation des verfügbaren Know-hows
- Versicherungsaspekt durch mehr Expertenwissen, aber auch vereinbarte Servicequalität
- Gesteigerte Reaktionsgeschwindigkeit durch breitere personelle und technische Ressourcen eines IT-Systemhauses

Größere Ressourcen personeller und technischer Natur sowie die Fähigkeit, diese breit zu schulen und Experten zu Spezialgebieten vorzuhalten, sind für eine interne IT-Abteilung Wunschszenarien, die in keinem Budget enthalten sein können. Die obenstehenden Vorteile bedeuten dann die Schließung vorgefertigt entstehender Lücken. In dem Sinne sind Partnerschaften zwischen Dienstleister und Kunde zum Vorteil beider Seiten.

Letztlich ist die Fülle an Angeboten von Hard- und Software zur Lösung einer Herausforderung umfangreicher geworden, die Entwicklungszyklen neuer Versionen kürzer und die Geschäftsmodelle an sich mit mehr digitalen Anteilen versehen, wenn nicht sogar voll digital. Die sich daraus ergebende Herausforderung ist sowohl für Fachanwender als auch für IT-Abteilungen den Überblick zu behalten und Schritt zu halten. Gerade hier ist die Lösung für alle Parteien gleich: Es benötigt einen Lotsen, einen Enabler. So ist also die Friktion zwischen Fachanwender und der IT-

Abteilung auch eine kommunikative: Der Gatekeeper hat in seiner Fachkompetenz alle Fähigkeiten gewonnen, ein Lotse und Enabler zu sein. Er muss dies aber kommunizieren und nachhaltig ohne Bürokratie umsetzen.

Bausteine für eine IT-Abteilung der Zukunft

Die Erkenntnis über den Weg zum Enabler führt uns dazu, eine IT-Abteilung in die Zukunft gedacht entlang der folgenden fünf Bausteine entwickelt zu sehen:

- Die grundlegende Aufgabe bleibt es, funktionstüchtige IT-Infrastruktur bereitzustellen. Darin liegt ihre hoheitliche Aufgabe im Unternehmen.
- Daneben fokussiert sich die IT-Abteilung auf die Sicherstellung der IT-Sicherheit, um ebenso dem Datenschutz Genüge zu tun. Auch hier ist eine Aufgabe zu erkennen, die sich gut gegenüber anderen Fachabteilungen abgrenzen lässt und insofern proprietär in das Ressort der IT-Abteilung gehört.
- Letztlich wird die IT-Abteilung aber eine Expertenrolle übernehmen, um in Projekten ihre spezifische Fachkompetenz einzubringen in ihrer Rolle als Enabler. Sie sitzt mit am Tisch, wenn es um Projekte und Entwicklungen geht, ist aber weder Treiber noch Gatekeeper oder gar Bedenkenträger.
- All dies gelingt ihr durch die noch viel konsequentere Nutzung von Cloud-Angeboten, die eine Flexibilisierung bedeuten als Antwort auf umfassende Skalierungsanforderungen neuer Geschäftsmodelle.
- Entlang dieser Bausteine ergibt sich der übergreifende Baustein des Outsourcings. Hier werden die im ersten Baustein genannten Basisleistungen noch umfassender

nach außen vergeben und auch dafür gesorgt, dass Know-how und Arbeitsleistung für die Bausteine 2-4 ausreichend zur Verfügung stehen. Dazu werden IT-Systemhäuser einen entscheidenden Beitrag leisten.

Getrieben von Digitalisierung, neuen Arbeitsmodellen und Werkzeugen sowie dem sicheren Umgang mit Daten ist die IT-Abteilung dann endlich vom Gatekeeper zum Enabler geworden.

B2B Commerce im Wandel

Roland Fesenmayr

Das Jahr 2020 war ein Besonderes. Es wird in die Geschichte eingehen als das Jahr, in dem die weltweite Corona-Pandemie alles veränderte. Es wird aber auch in die Geschichte eingehen als das Jahr, in dem sich deutlicher als je zuvor manifestierte, dass „Digitale Transformation“ kein Buzzword ist, sondern ein Wandel, den Unternehmen zwingend ernst nehmen müssen. Spätestens 2020 ist das C-Level endlich auch im Mittelstand aufgewacht. Die großen Konzerne sind längst dabei, ihre Geschäftsmodelle auf die neuen Anforderungen anzupassen, teils mit drastischen Maßnahmen, wie z. B. in der Automobilindustrie.[78] Dort stehen die Zeichen seit Jahreswechsel auf Elektromobilität in einem nie dagewesenen Transformationsprozess, der ein neues Zeitalter in dieser Branche einleitet. 2020 hat diesen und vielen anderen Entscheidern noch mal deutlich aufgezeigt, wohin die Reise wirklich geht.

Ich bin davon überzeugt, dass wir nicht mehr zum Status quo vor der Corona-Pandemie zurückkehren werden. Arbeitgeber können nicht so tun, als wäre die Arbeit ohne Pflichtpräsenz im Office zu starren Zeiten nicht ebenso effizient. Verbraucher werden das aus der Not heraus geborene Einkaufsverhalten, das stärker als je zuvor im Onlinehandel angesiedelt ist – Click & Collect, Click & Meet,

[78] https://www.handelsblatt.com/politik/deutschland/ausblick-2020-unternehmen-fuer-die-hersteller-beginnt-das-zeitalter-des-elektroautos/25378678.html

und wie die Spielarten alle heißen - nicht mehr ablegen. Produzierende Unternehmen werden die während Corona angebrachte Flexibilität und Agilität beim „Auf Sicht fahren“ nicht mehr völlig außen vor lassen können. Es braucht frische Ideen und neue Konzepte. An vielen Stellen.

Die finalen Auswirkungen der Corona-Krise auf Gesellschaft, Politik und Wirtschaft sind derzeit noch nicht abzusehen. Es zeigt sich allerdings bereits jetzt, dass der E-Commerce eine immer größere Rolle einnimmt. Das B2C-Segment boomt, Onlineshops, die im Freizeit-, Sport-, Outdoor Segment oder in der Unterhaltungselektronik angesiedelt sind, machen Rekordumsätze.

Demgegenüber stehen Zurückhaltung und Angst bis hin zur Schockstarre in vielen Teilen des B2B-Segments. Längst geplante Digitalisierungsprojekte werden eingestellt, neue überhaupt nicht oder nur zögerlich angegangen. Der Vertrieb von B2B-Unternehmen wird und muss sich signifikant verändern. Denn die Krise beschleunigt die Entwicklung, die wir schon seit Jahren nicht nur predigen, sondern aktiv begleiten: Die Welt wird noch digitaler, Kundenanforderungen und Erwartungshaltungen verändern sich, das Angebot wird allumfassend. Und Vertrieb, Auftragsabwicklung und Kundenservice? Sie müssen raus aus ihrer „Das haben wir schon immer so gemacht“-Haltung.

Die Digitalisierung des B2B-Vertriebs wird zwingend notwendig und immer funktions- und teamübergreifender. Wo früher ein Hidden Champion auf der Schwäbischen Alb Weltmarktführer für ein bestimmtes Produkt war, muss er sich jetzt zum Lösungsanbieter wandeln, ergo das Produkt aus Sicht des Kunden und dessen Bedarf neu definieren. Der wichtigste Treiber für langfristige Kundenbindung ist nicht mehr nur primär der persönliche Kontakt zum Verkäufer, sondern das Kauferlebnis bei der Bedarfsdeckung. 2021 steht mehr denn je im Zeichen der

Kundenzufriedenheit.

Wie produzierende Unternehmen es schaffen, diesen Wandel jetzt anzugehen, worauf es dabei ankommt und wie realistische Zukunftsszenarien aussehen könnten, das ist Thema des nachfolgenden Artikels.

Status quo im (B2B-)Handel

Wir sehen seit Anfang des letzten Jahres drei Gruppen von E-Commerce-Unternehmen. Die erste Gruppe, im B2C-Segment angesiedelt, kämpft gerade mit logistischen Herausforderungen, um die erfreulich hohe Nachfrage überhaupt bewältigen zu können. An Digitalisierungsprojekte ist in dieser Situation gerade nicht zu denken. Doch der Erfolg ist kein Selbstläufer, auch hier gibt es Verlierer und Branchen, die zu kämpfen haben. Wie z. B. Abendgarderobe, Skibekleidung oder Hotelübernachtungen und Reisen. Hart getroffen sind auch alle Anbieter, die zuvor mit Veranstaltungen oder deren Management hervorragend aufgestellt waren. Insgesamt gesehen, boomt aber der Consumer Commerce.

Zur zweiten Gruppe gehören B2B-Hersteller, Fach- und Großhändler, die in unsicheren Zeiten ein Investment in Digitalisierungsprojekte scheuen und bei ihren Kunden Zurückhaltung beobachten. Mögliche Projektansprechpartner sind häufig in Kurzarbeit, die Liquidität wird nach dem Motto “Cash is King” zusammengehalten und es ist noch nicht ganz klar, wie man aus der Krise hervorgehen wird. Neue, eventuell zeit- und kostenintensive Projekte? Erst mal verschoben.

Die dritte Gruppe bilden diejenigen Unternehmen, die sich trotz Corona-Krise stabil entwickeln. Sie wissen, dass sie jetzt die Zeit nutzen und in ihre Zukunft, ihre digitale Transformation investieren müssen. Und das tun sie. Aber anders als zuvor. Wir sehen eine Zunahme an Agilität und Flexibilität. Viele Unternehmen versuchen mit einem MVP (Minimum-Viable-Product) ein Produkt, einen Service oder eine Dienstleistung am Markt ohne großen Aufwand erst einmal auszutesten. Was funktioniert, wird weiterverfolgt. Was sich nicht rechnet, verworfen. Das ist ein Paradigmenwechsel im Vergleich zu den Jahren 2018 und 2019, wo wir viele komplexe und große Projekte beobachten konnten, die in langen Lastenheften mündeten und sich teilweise über Monate oder gar Jahre hinzogen. Es scheint, das Start-up-Qualitäten in Zukunft auch in traditionell eher konservativen Geschäftszweigen dauerhaft Einzug halten werden.

Zukunft des B2B-Handels – Geschäftsmodelle neu denken

Was also sollten die produzierenden Unternehmen tun, die jetzt das Budget und die Ressourcen haben zu digitalisieren? Sie sollten sich die Zeit nehmen, ihr Geschäftsmodell zu hinterfragen und weiterzuentwickeln!

E-Commerce im B2B bedeutet nicht nur digital Umsatz machen, sondern Prozesse optimieren und Kosten einsparen. Viele Hidden Champions mögen in Sachen Innovation bereits führend sein. Einige empfinden auch ihren Grad an Digitalisierung als fortschrittlich. Und nicht wenige unter ihnen nehmen das Thema Industrie 4.0 sehr ernst und haben bereits entsprechende Strukturen etabliert. Denn im Hinblick auf Digitalisierung und Innovation kommt kein Unternehmen mehr um die vierte industrielle Revolution herum. Auf Statista können wir nachlesen, dass im Jahre 2013 gerade mal 0,32 Milliarden Euro in Industrie 4.0 investiert wurde. Bis 2020 stieg diese Investition auf 2,6 Milliarden Euro an.

Wie häufig Industrie 4.0 Lösungen tatsächlich in der Praxis

Anwendung finden, steht auf einem anderen Blatt. Noch 2017 beklagten 59 Prozent der Befragten einer Bitkom-Studie den hohen Investitionsbedarf. Unter Fachkräftemangel litten 57 Prozent der Befragten und größere Unternehmen (57 Prozent) beklagten mangelnde Standards im Zusammenhang mit Industrie 4.0[79]

Warum Industrie 4.0 nicht der alleinige Heilsbringer ist und bei aller Investition die Bemühungen nicht ausreichen, wird mit Blick auf die globalen Märkte schnell deutlich. In den letzten Jahren sind verstärkt Unternehmen aus dem asiatischen Raum auf dem Vormarsch. Sie kopieren nicht mehr nur Produkte „Made in Germany“, sondern haben gelernt, selbst qualitativ hochwertige Produkte zu produzieren. Und diese häufig günstiger als das Original. Das bedeutet, dass ein Produkt schnell vergleichbar und austauschbar wird. Was ist die Antwort darauf?

Eine mögliche Antwort ist, das Produkt mit Services und Dienstleistung anzureichern (Servizitation). Durch Servizitation wird ein alleinstehendes, materielles Produkt durch ein sogenanntes Product Service System (PSS) ersetzt. Damit ist eine Kombination aus Produkt und Dienstleistung gemeint, die zusammen ein Angebot bilden. Eine Service-Produkt-Kombination ist schwerer nachahmbar und hilft, sich vom Wettbewerb zu differenzieren. Vereinfacht gesagt: Die alleinige Hardware ist vielfach austauschbare commodity. Bei Servizitation geht es darum, nicht nur ein Produkt zu vertreiben, sondern ein Ergebnis zu verantworten, das für den Kunden von höchstem Nutzen ist. Wir all haben den Vormarsch des Smartphones noch plastisch vor Augen. Das Smartphone ist Telefon, Internet, Wettervorhersage, Zeitung, Wecker, Weltkarte, Vernetzung mit Freunden und Familie, Fitness-Tracker u.v.m. in einem einzigen kleinen Gerät. Das Smartphone lebt von der Software, die nicht einmal vom Hersteller selbst, sondern in Form von Apps durch das

[79] https://www.ingenieur.de/technik/fachbereiche/industrie40/industrie-4-0-grundlagen-und-aktuelle-entwicklung/#StatusQuo

Hersteller-Ökosystems beigesteuert wird. Diese Verbindung ist es, welche die gesamte Welt dieses kleine Stück Hardware so wertvoll, unverwechselbar und einzigartig macht.

Ein Beispiel aus unserer B2B-Commerce Betrachtung: Komplexe Industrie-Maschinen sind gespickt mit Sensoren. Ein zeitgemäßes Geschäftsmodell wäre, dass der Hersteller nicht nur den Sensor verkauft, sondern ebenfalls die Daten aus der Maschine auswertet. Der Sensor kann Probleme auch heute bereits mit der Unterstützung von künstlicher Intelligenz erkennen, bevor sie auftreten. Der Hersteller des Sensors versetzt die Maschine in die Lage, ein Verschleißteil zu melden, lange Zeit, bevor es ausgetauscht werden muss. Dieser Service ist für den Kunden von höchstem Nutzen. Für den Anbieter bedeutet das, er schafft einen Mehrwert, weit über sein eigentliches Produkt hinaus. Dafür ist der Kunde gerne bereit, eine langfristige Beziehung einzugehen und akzeptiert, auch regelmäßig dafür zu bezahlen. Und das ist der springende Punkt. Der Hersteller verkauft nicht nur einmalig einen Sensor, sondern macht daraus zum Beispiel ein Mietmodell inklusive Service und Support, was ihm monatlich stabile Umsätze einbringt und sein Geschäftsmodell auf sichere Füße stellt.

So kann eine mögliche Antwort auf die Konkurrenz aus Asien aussehen. Unter reinen Hardware-Gesichtspunkten, die Aspekte Logistik und Nachhaltigkeit mal beiseitegelassen, ist es oft völlig gleichgültig, woher ein Produkt stammt. Einzigartig wird es durch die Anreicherung mit einem speziellen, mehrwertstiftenden Service.

Niemand behauptet, dass dieser Mindshift – das Produkt vom Kundennutzen her zu denken und neu mit mehrwertstiftenden Services anzureichern - einfach ist. Der Weltmarktführer für Automatisierungstechnik – Festo - entwickelte bereits 2018 aus über 50 Einzelteilen der eigenen Fertigung ein einziges Terminal:

das Festo Motion Terminal.[80] Die Steuerung erfolgt über Apps. Wo zuvor Kunden Einzelteile kauften und Verkäufer diese ebenso einzeln verkauften, musste sich der Einkauf auf Kundenseite und der Festo Vertrieb auf komplett neue Gegebenheiten umstellen: ein Produkt in Kombination mit Service und Software.

Product Service Systeme müssen zum Standard werden

Der Trend Product Service Systeme wird in den nächsten Jahren deutlich zunehmen. Er ist definitiv nicht neu, gehört jedoch längst nicht zum Standard. Wer es schafft, sein Produkt zur Lösung werden zu lassen, wird langfristig eine Perspektive für sein Unternehmen haben. Doch das ist längst nicht alles. Am Beispiel der Maschinenbau-Branche und der Ersatzteil-Beschaffung lässt sich aufzeigen, wohin die Reise unter Einbindung modernster Technologie sonst noch gehen kann.

Wir haben bereits gesehen, dass physische Ware zunehmend mit Serviceaspekten verschmilzt oder verschmelzen muss. Im Kern steht ein Geschäftsmodell, das dieses abbildet. Die Maschinenbau-Branche hat heute vielerorts noch das Problem, dass Ersatzteile, Werkzeuge und Service-Mitarbeiter oft nicht gleichzeitig zur gleichen Zeit am richtigen Ort sind, wo sie gerade benötigt werden. Hier geht viel Zeit und Geld verloren und der Service ist dennoch nicht zufriedenstellend.

Stellen wir uns einen Stern vor, in dessen Zentrum der Service steht und nicht das Produkt. Alles um den Service herum ist darauf ausgelegt, ihn für den Kunden perfekt zu gestalten. Da steht zum Beispiel eine Druckluftmaschine in einem Unternehmen, das via Pay-Per-Use nur die Druckluft bezahlt, die es auch verbraucht. Die

---

[80] https://festo-digital.de/build/smarte-inbetriebnahme/festo-motion-terminal-vtem?utm_source=sea&utm_medium=DSA&utm_campaign=digitalisierung

Überwachung und Verantwortung für die Maschine liegt beim Hersteller. Ein Sensor in der Druckluftmaschine meldet rechtzeitig, dass ein Verschleißteil ersetzt werden muss und der Hersteller löst die Bestellung selbstständig aus. Das Ersatzteil, wird nicht aus Asien importiert, sondern direkt vor Ort über einen Dienstleister im 3-D-Druckverfahren hergestellt und regional in kürzester Zeit ausgeliefert. Der Service-Techniker des Herstellers findet beim Service-Termin das Ersatzteil bereits vor und erkennt per 3-D-Brille, wo das Problem an der Maschine besteht und wie er es beheben kann. So könnte ein PSS aussehen, das für den Kunden höchst komfortabel ist und dem Anbieter ein neues Geschäftsmodell eröffnet.

Solche Szenarien gibt es vereinzelt bereits in modernen Industrie-Unternehmen. Laut meiner These werden sie allerdings in den nächsten Jahren zunehmend zum Standard werden. Nur sind davon noch viele Unternehmen meilenweit entfernt.

Fazit für die Zukunft des B2B Commerce

Viele Technologien, die neue Geschäftsfelder auftun, sind bereits vorhanden. Allein es fehlt an Unternehmen, die dieses Potenzial für sich entdecken, mutig neue Ideen entwickeln und diese umsetzen. Ganze Branchen, die zuvor nichts miteinander zu tun hatten, wachsen zusammen. So z. B. die Lösung eines unserer Kunden, Becker Antriebe GmbH. Das Unternehmen bietet eine Technologie rund um das Smarthome an. Mit wenig Aufwand und etwas technischer Raffinesse können Rollläden über die Fritz!Box vom Smartphone gesteuert werden. Wer hätte gedacht, dass Rollläden und ein DSL-Endgerät zum Facilitator eines Smarthome Szenarios werden?

Software ist körperlos, unendlich duplizierbar und hat quasi keine Abnutzung. Sie kann global verfügbar gemacht werden. In der richtigen Kombination mit einem Produkt können gänzlich neue Anwendungsszenarien und damit neue Geschäfts- und Abrechnungsmodelle geschaffen werden.

Die Vorteile für Hersteller und Anbieter sind vielfältig:

- Der Service und die Dienstleistung spülen zusätzlichen Umsatz in die Kasse.
- Der Preiskampf gegen den Wettbewerb aus Asien wird obsolet.
- Der Service und die Dienstleistung bilden den USP eines Unternehmens, der sich heute über ein Produkt kaum noch ableiten lässt.
- Dienstleistung entsteht durch persönlichen Kontakt in einer fast rein digitalen Prozesskette. Ein Touchpoint zum Kunden, der zu einer hohen Kundenbindung führt.

Die Vorteile für Kunden des Anbieters sind unter anderen:

- Fixkosten weichen variablen Kosten.
- Kunden konzentrieren sich auf ihre Kernkompetenzen.
- Finanzielle Risiken trägt der Anbieter.
- Betriebskosten können sinken.
- Lieferant und Kunde haben gemeinsame Ziele.
- Langfristige, nachhaltige Verträge durch Spezialisierung schaffen Vertrauen.

Die Identifizierung neuer Geschäftsideen ist die Basis für die Weiterentwicklung für die produzierende Industrie, um zum Anbieter ganzheitlicher Lösungen zu werden. Es gilt, im Konstruktionsprozess eines Produktes schon an mögliche Dienstleistungen zu denken. Nicht mehr nur eine Technologie oder ein Produkt stehen im Vordergrund, sondern ein mehrwertstiftender Lösungsansatz für den Kunden. Ganz nebenbei ergeben sich aus solchen Geschäftsszenarien – wie z. B. des Sensors in der Druckluftmaschine – unzählige Datensätze, die sinnvoll genutzt werden können. Vielleicht sogar in Form neuer Kooperationen mit Partnern, die vorher keine Option waren. Daten sind das neue Rohöl und damit ein weiterer Vorteil, der sich aus digitalen Geschäftsmodellen ergibt.

Mein Baustein für den B2B-Handel

Das unternehmerische Denken wird künftig nicht von der Produktion zum Kunden, sondern vom Kunden zur Produktion und damit in den Vertrieb der Lieferanten verlaufen.[81] Die Supply Chain wird also von rückwärts – vom Kunden her – gedacht werden müssen. Für viele mittelständische Unternehmen führt das zu einem fundamentalen Wandel in nächsten Jahren. Ein Paradigmenwechsel, auf den sie sich unbedingt einlassen müssen, um zu überleben.

---

[81] https://vertriebszeitung.de/22-brandaktuelle-trends-im-b2b-vertrieb-2/

Auszüge des Interviews während der Recherche, zu diesem Buch. Den Link zum vollständigen Interview finden Sie am Ende dieses Kapitels.

Interview mit Stefan Hamann – Innovationen im eCommerce

Hamann, im Interview mit Hölscher, erklärte sein Shopsystem Shopware als Ökosystem, das viele Möglichkeiten bietet. Marketplace, Social Media und auch entkoppelte Front-Ends mit neuen Integrationsmöglichkeiten in der Zukunft machen Plattformen wie diese besonders interessant. Ein Shop-System aus Deutschland scheint dabei eher ungewöhnlich. Man denkt, die USA liege in diesem Bereich vorne. Dem ist aber nicht so. Auch Shopify und andere Größen haben deutsche Gründer. Dass Shopware mittlerweile international viel eingesetzt wird und vorne dabei ist, macht Hamann stolz.

Darauf sollten Start-ups bei ihrem Shopsystem achten

Kombinationen von Geschäftsmodellen werden bei Shopware flexibel gestaltet. Ein „what you see is what you get-Editor" macht die verschiedenen Prozesse B2B sowie B2C individuell modulierbar. Gerade als Brand verschiedene Dinge auszuprobieren und am Kunden zu testen ist bei der schnellen aktuellen Marktentwicklung wichtig, sagt Hamann.

Auch für den kleinen Händler ist Shopware interessant, weil die Plattform Flexibilität ermöglicht. Shopify zum Beispiel erlaubt kaum Weiterentwicklung. Wenn ein Unternehmen wächst, stößt es schnell an seine Grenzen. Shopware hingegen kombiniert verschiedene Welten. Es ist eine große Möglichkeit zur Personalisierung gegeben.

Digitaler Handel in der Zukunft

Ein eigenes Shopsystem mit erlebnisorientiertem Shopping wird in der Zukunft immer gefragter werden. Auch kanalübergreifende Lösungen mit Social Commerce sind denkbar. Als Marke Werte zu vermitteln, wird ebenfalls eine große Bedeutung in der Zukunft haben. Dinge des alltäglichen Bedarfs werden hingegen vermehrt automatisiert bestellt und geliefert werden. Auch nach Corona wird es einen riesigen Konsolidierungstrend geben. Wer nicht innoviert, wird nicht mithalten können. Es braucht ein großes Level an Professionalisierung.

B2C ist ein großes Thema. Brands sind sehr generationsabhängig. Deshalb gibt es auch immer mehr Brands, die an Nachhaltigkeit appellieren und jetzt wachsende Marktanteile gewinnen können. Niemand kann sich mehr auf den Lorbeeren ausruhen, es ist eine tägliche Herausforderung und ein Kampf um den Markt. Klassische Handelsstrukturen sind oft nicht mehr gefragt, da Hersteller mehr direkt verkaufen. Unterschiedliche Anbieter werden immer vergleichbarer und können sich nicht differenzieren.

Chancen durch neue Trends

Alte Brands sind schnell vergessen, aber auch neue Marken können sich dafür rasant etablieren. Im Handel gibt es durchaus noch eine Zukunft. Es wird nicht nur fünf große Player auf der ganzen Welt geben, so versichert Hamann. Es besteht großes Potential im Bereich von Dienstleistungen und Servicemodellen.

Zwei Tipps von Hamann:

1. Trends kommen und gehen. Manchmal ist es besser etwas zu warten und zu sehen, wie sich ein Trend entwickelt. Clubhouse ist ein Beispiel dafür.

2. Experimentieren und zu wissen, dass nicht alles erfolgreich sein kann, ist wichtig.

Virtual Reality und Augmented Reality in der Zukunft

Interessant für die Zukunft sind auch Virtual Reality und Augmented Reality. Der Markt wird sehr schnell attraktiv werden und Shopping-Lösungen brauchen. Es wird die Möglichkeit geben, sich in diesem Bereich zu differenzieren.

Das erfolgreiche Verschmelzen von virtueller und echter Realität wird stark von der Umsetzung abhängen. Google Glass zum Beispiel konnte sich bisher nicht durchsetzen. Wenn Apple eine Vorreiterrolle einnimmt, wird es wahrscheinlich durch die Konkurrenz mehrere Lösungen geben. VR wird als theoretisch cool empfunden. In der konkreten Anwendung bringt es aber momentan noch keinen Mehrwert. Hamann traut Apple zu, hier Vorreiter zu werden.

Das ganze Interview finden Sie im dcommerce Blog, den Podcast auf itunes, spotify und google podcast und das Video unter youtube jeweils im dcommerce Channel:

https://dcommerce.blog/2021/06/digitale-revolution-stefan-hamann/

Auszüge des Interviews während der Recherche, zu diesem Buch. Den Link zum vollständigen Interview finden Sie am Ende dieses Kapitels.

Interview mit Christian Herkel – Vertrieb digitaler Produkte in der Zukunft

Der CEO der Asknet Solutions AG Christian Herkel spricht im Interview mit Dietmar Hölsch über den internationalen Handel mit Software heute und in der Zukunft.

Alle Softwarehersteller sind objektiv vereint: sie wollen international verkaufen

Mit Asknet Solutions kümmert sich Herkel um zwei Geschäftsbereiche:

Zum einen ist das Unternehmen der größte Partner in Deutschland für Unis und Hochschulen im Bereich der Softwarebeschaffung. Im akademischen Umfeld wird eine Vielzahl von Prozessen abgedeckt.

Zum anderen ermöglicht Asknet den Softwareherstellern, international zu verkaufen und kümmert sich um den Vertrieb. Hier geht es in erster Linie um Internationalität: Sprachen, Steuerhandling und lokale Bezahlmethoden. Die Kaufprozesse sind auf die lokalen Bedürfnisse des Kunden angepasst.

Große Unternehmen aus dem High-End Bereich und Softwarehersteller wie Cyberlink oder Steinberg – eine Tochterfirma von Yamaha – sind typische Kunden von Asknet. Herkel weiß also, wovon er spricht.

Digitaler Handel ist für Softwarehersteller nicht mehr wegzudenken

Der Trend geht klar immer mehr zur digitalen Bereitstellung der Software. Auch Subscription-Modelle werden zunehmend angeboten. Herkel erzählt, dass er selbst die Kunden auch beim Übergang unterstützt. Die Kunden, mit denen Herkel zusammenarbeitet, sind auf der ganzen Welt verteilt, genauso wie auch die Softwarehersteller, die in Europa, Asien und den USA angesiedelt sind. Gemeinsam haben alle von ihnen, dass sie ihre Produkte international verkaufen wollen.

Abos sind hierzulande noch unbeliebt

Es gibt Länder, in denen Subscription-Modelle besser funktionieren als andere, erzählt Herkel von seiner Erfahrung. In Deutschland zum Beispiel hat der Begriff „Abo" alleine schon einen negativen Touch. Deshalb tun sich manche schwer dabei, ein Lizenzmodell einzuführen. Der typische deutsche Kunde zahlt lieber mehr, bevor er ein Abo abschließt. Das ist beim US-amerikanischen Kunden umgekehrt.

Bezahlmethoden: andere Länder, andere Sitten

PayPal nimmt deutlich sowohl in Europa als auch in den USA zu. Im asiatischen Raum weniger. Kreditkartenzahlungen werden in den USA stärker eingesetzt als in Europa. Hier haben wir auch lokale Bezahlmethoden, die in spezifischen Kontexten viel genutzt werden. Es gibt in Europa eine größere Variation.

Beim Steuer-Dschungel besser auf Experten setzen

Beim Verkauf eines digitalen Produkts international gibt es einige Dinge zu beachten. Eines der kritischsten Themen sind die Steuern. Die werden auch immer komplexer. Weltweites Monitoring bedarf der Hilfe von externen Experten wie Asknet Solutions. Hier werden die Steuern direkt abgeführt und für den Verkäufer bleibt nicht die Frage offen, was in den verschiedenen internationalen Märkten steuerlich zu beachten ist.

Zukunftstrends im Softwarehandel

Während der Pandemie sind zwar keine neuen Softwarehersteller aufgekommen. Es gibt jedoch einen steigenden Trend für den direkten Verkauf der Hersteller, die eine Endkundenbeziehung aufbauen wollen. Das geschieht fast ausschließlich digital. Mittlerweile wird Software fast nicht mehr im lokalen Handel verkauft. Die Beratungsrolle des Handels ist allerdings bei Subscription-Modellen durchaus weiterhin relevant. Es liegt an den Herstellern, diese Rolle zu erkennen. Für Hersteller kann es deshalb auch wichtig sein, nachverfolgen zu können, über welchen Kanal eine Software verkauft wurde. Mit diesen wichtigen Informationen kann der Hersteller die Marketingstrategie entsprechend ausrichten und Upsell-Potenziale nutzen.
Deutsche Beratung und Dienstleistung können bei dem ständig steigenden Druck aus Asien eine interessante Alternative zum Verkauf von Produkten sein. Service-Abos sind ein Beispiel dafür.

Das ganze Interview finden Sie im dcommerce Blog, den Podcast auf itunes, spotify und google podcast und das Video unter youtube jeweils im dcommerce Channel:

https://dcommerce.blog/2021/06/digitale-revolution-christian-herkel/

C.L.U.B. Methode FUTURE+

Dietmar Hölscher

In den vorherigen Kapiteln ging es um Zukunftbausteine, Inspirationen und Ideen. In diesem Kapitel möchte ich Ihnen einmal aufzeigen, mit welcher Methode ich im Beratungsalltag gemeinsam mit Unternehmern die zielgerichtete Ausrichtung auf den Kunden von morgen angehe. Seit 2008 feile ich an dieser Methode und habe Sie in vielen Iterationen[82] immer weiter verbessert und auf die Bedürfnisse der Unternehmen und deren Kunden abgestimmt.

Wenn Sie nach der Lektüre der hervorragenden Beiträge meiner Co-Autoren Ihr Unternehmen mehr auf die Zukunft und Ihre Kunden ausrichten möchten, hilft Ihnen diese Beschreibung meiner Methode eventuell bei der Umsetzung oder inspiriert Sie, weitere oder erste Schritte zu unternehmen.

---

[82] Iteration beschreibt allgemein einen Prozess mehrfachen Wiederholens gleicher oder ähnlicher Handlungen zur Annäherung an eine Lösung oder ein bestimmtes Ziel.

C.L.U.B. richtet das Unternehmen / Projekt auf die Kunden und Unternehmensbedürfnisse gleichermaßen aus und bietet die bestmögliche Budgetierung von Projekten und Betrieb.

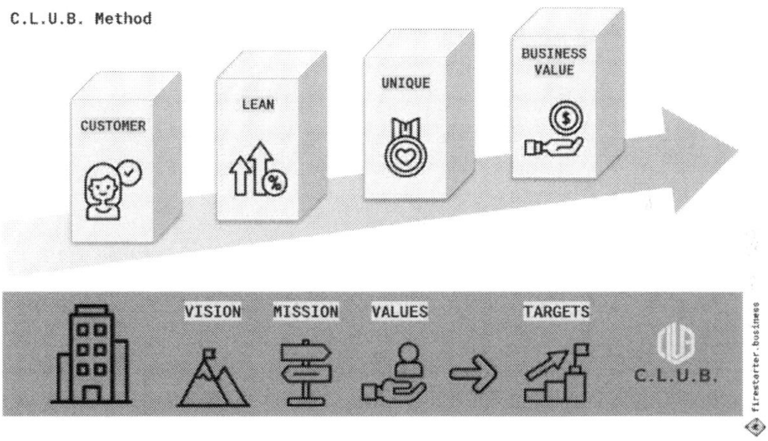

Abbildung 5: Copyright firestarter.business

CLUB in a nutshell

Bei der C.L.U.B. betrachtet man im ersten Schritt oder kreiert falls noch nicht vorhanden die Vision, Mission, Value und daraus abgeleitete konkrete Ziele des Unternehmens.

Im zweiten Schritt erforscht man die Welt des Kunden. Kundengruppen werden segmentiert und für die wichtigsten

Kundengruppen ein stereotypisches Bild gebildet. Dazu nutzt man oder erstellt gebräuchliche Modelle wie z. B. Personas oder Empathy Maps. Diese geben Auskunft über den Kunden z. B. welche Probleme oder welchen Bedarf er hat. Je nach Unternehmen kann dies bis hin zu typisierenden Kundeninterviews führen.

Im Folgenden wird nun aus dem Gap oder dem Match zwischen den Wünschen und Problemen des Kunden auf der einen und der Vision, Mission und Zielen des Unternehmens auf der anderen Seite mit Tools wie dem „Product Vision Board“ und vielfältigen „Design Thinking Methoden“ Produkt- und Service-Ideen aus Kundensicht, die auf die Ziele des Unternehmens einzahlen, Ideen entwickelt.

Im letzten Schritt werden die so erarbeiteten Ideen in ein Verhältnis zwischen Umsetzungsrisiko und Aufwand auf der einen und der Business-Value für das Unternehmen auf der anderen Seite gesetzt.

Das Ergebnis ist dann ein priorisiertes Backlog, dass die Bedürfnisse der Kunden deckt und größtmöglich auf die Unternehmensziele einzahlt, ggf. direkt mit einem MVP Ansatz gekoppelt.

C.L.U.B. richtet das Unternehmen / Projekt auf die Kunden und Unternehmensbedürfnisse gleichermaßen aus und bietet die bestmögliche Budgetierung von Projekten oder Betrieb.

CLUB Future+

Wenn Sie nun die grundsätzliche Ausrichtung auf Ihren Kunden um die Zukunft oder einfach um noch mehr Möglichkeiten erweitern möchten, ist dies mit folgenden Schritten möglich:

- Lesen Sie dieses Buch.
- Reden Sie mit Fachexperten oder folgen Sie diesen in den sozialen Medien.
- Lassen Sie professionelle Umfragen und Marktanalysen erstellen.
- Erweitern Sie den Teilnehmerkreis für die Design Thinking Methoden um Experten oder gar um andere Unternehmer aus anderen Branchen und stellen Sie sich und Ihre Expertise im Gegenzug anderen Unternehmern zur Verfügung.
- Nutzen Sie bewusst die sogenannten Megatrends zur Inspiration.

Dieses strukturierte Befassen mit Ihrem eigenen Unternehmen allein vernachlässigt man leider allzu oft automatisch und bringt Sie auf jeden Fall weiter auf dem Weg ein Gewinner der Digitalen Revolution zu werden. Ich zitiere einmal einen großen Maschinenhersteller während eines meiner letzten Design Thinking Workshops „Das wir in so kurzer Zeit so viele gute Ideen selbst generieren konnten, ist unglaublich und hilft uns auf jeden Fall gegen die Mitbewerber aus Fernost." Konkret haben wir, besser der Kunde selbst, dort Servitization[83] für seine Produkte entwickelt und Services, die er bislang kostenfrei erbracht hat, Produkturisiert. Ein Softwarehersteller war verblüfft „Wir konnten noch nie so einfach unsere Mehrwerte beschreiben. Selbst wenn Sie dieser kurzen Anleitung für sich allein einmal konsequent folgen, wird sich der Erfolg einstellen.

[83] Servitization ist eine Geschäftsmodellinnovation, die für produzierende Unternehmen relevant ist und die Änderung des bisherigen Angebotsportfolios weg von nur Sachgütern und hin zu einer Kombination aus Sachgütern und Dienstleistungen bezeichnet.

Megatrends

Zuvor wurden die Megatrends erwähnt. Sie sind die größten Treiber des Wandels in Wirtschaft und Gesellschaft und prägen unsere Zukunft - nicht nur kurzfristig, sondern auf mittlere bis lange Sicht. Megatrends entfalten ihre Dynamik über Jahrzehnte. Megatrends sind nie linear und eindimensional, sondern vielschichtig und voller gegenläufiger Strömungen. Sie wirken nicht isoliert, sondern beeinflussen sich gegenseitig und verstärken sich so in ihrer Wirkung.

Wo genau diese Trends ihren Ursprung haben, lässt sich oft kaum eindeutig beantworten. Vielfach bilden sie sich aber aus mehreren ähnlichen und gleichzeitig verlaufenden Phänomenen heraus, die sich gegenseitig verstärken. Um ein Megatrend zu sein, braucht es folgende Bestandteile:

- **Dauer**

Megatrends haben eine Dauer von mindestens mehreren Jahrzehnten.

- **Ubiquität**

Megatrends zeigen Auswirkungen in allen gesellschaftlichen Bereichen, in der Ökonomie, im Konsum, im Wertewandel, im Zusammenleben der Menschen, in den Medien, im politischen System etc.

- **Globalität**

Megatrends sind globale Phänomene. Auch wenn sie nicht überall gleichzeitig und gleich stark ausgeprägt sind, so lassen sie sich doch früher oder später überall auf der Welt beobachten.

- **Komplexität**

Megatrends sind vielschichtige und mehrdimensionale Trends. Sie erzeugen ihre Dynamik und ihren evolutionären Druck auch und gerade durch ihre Wechselwirkungen.

Und Sie unterscheiden sich von anderen Trends z. B. durch:

- natürliche Evolution und Klimawandel,
- soziokulturelle Trends,
- Technologietrends,
- Konsumtrends,
- Zeitgeist- und Modetrends,
- Mikrotrends.

Wenn Sie einmal zu dem Thema im Netz suchen, werden Sie viele verschiedene sogenannte Megatrends finden. Die Verlockung ist groß, immer neue zu erfinden, da diese eine große Wirkung auf die Zukunft haben. Doch allein die Dauer hilft hier schon für eine natürliche Auslese. Fasst man die vorhandenen Signale einmal zusammen, kann man diese Megatrends[84] in 2021 erkennen:

- **Dematerialisierung**

Bierdose 100 g auf 16 g in 50 Jahren oder das Telefon etc.

- **Digitalisierung**

Autoknöpfe gegen Touchscreen, Papier gegen Daten

- **Dezentralisierung**

Daten in die Cloud

- **Demonetarisierung**

Gold, Silber, Kuper Münzen, Banknoten, heute übers Handy,

[84] Foresight Mindset, Vahlen; ISBN: 3800659727

Kryptowährungen

- **Devaluierung**

Vieles wird günstiger, früher teure Hardware, Software etc. Heute Star Office kostenfrei.

- **Demokratisierung**

Jeder kann heute mitreden. Social Media, Blogs – mehr Menschen finden Gehör. Auch Minderheiten finden Gehör.

Beziehen Sie diese Überlegungen einmal mit in Ihre Ideenfindung ein und erweitern Sie so schematisch Ihren Gedankenhorizont.

Mehr zu dem Thema C.L.U.B. unter
https://firestarter.business/c-l-u-b/:

Fazit

Wer meine Vita kennt, wird erkennen, dass ich alle hier versammelten Autoren, auf verschiedenen Stationen in meinem Berufsleben kennen- und schätzen gelernt habe. Ich habe versucht, ganz unterschiedliche Blickwinkel einzufangen und zum Nachdenken anzuregen. Und einen bewussten Blick raus aus meiner Social Bubble[85] zu wagen. Schauen Sie sich einmal die beiden Beiträge zum Thema Payment an.

Wichtig war mir auch der bewusste Mix aus wissenschaftlichen Aspekten, Verbänden, Unternehmern, Service Anbietern, Software Hersteller, Agenturen und Coaches und Beratern.

Ich hoffe, es hat Ihnen genauso viel Spaß bereitet wie mir, die vielen Überschneidungen aber auch Unterschiede der einzelnen Bausteine zu entdecken.

Nach den vielen Monaten Arbeit bin ich stolz auf die Co-Autoren, die es meiner Ansicht nach geschafft haben, wirklich hervorragende Bausteine für die Zukunftsbilder der Leser beigesteuert zu haben. Beim Bearbeiten der einzelnen Texte und Bausteine aus den verschiedenen Bereichen sind mir durch die Kombination dieser Bausteine so viele neue Ideen in den Kopf geschossen, das ist unglaublich und hat damit aus meiner Sicht die beiden Fragen des Buches:

[85] https://de.wikipedia.org/wiki/Filterblase

Wie wirst du ein Gewinner der radikalen Veränderung?

und

Was wird der nächste Trend in der Produktion, Handel und Beruf?

für jeden, ganz individuell, beantwortbar zu machen.

Gehen Sie die Zukunft jetzt an!

Coesfeld im Mai 2021, Dietmar Hölscher

Herausgeber, Autor, Co-Autoren und Experten

Die Autoren sind in der Reihenfolge der in diesem Buch erscheinenden Texte aufgelistet.

Herausgebr und Autor
Dietmar Hölscher

Abbildung 6: Dietmar Hölscher

In seinem eCommerce Blog dCommerce.blog[86] schreibt Dietmar Hölscher (B.Sc.) in seiner Freizeit über Entwicklungen im Onlinehandel und widmet sich dabei unter anderem diversen Shop-Systemen, dem Omnichannel Einkaufserlebnis und der digitalen Transformation aller Branchen.

Zudem berichtet er ausführlich über agile Themen. Dietmar ist seit vielen Jahren bereits Certified Scrum Professional®, Certified Scrum Product Owner® und Certified Scrum Master®.

Seit 1995 beobachtet er die technischen Infrastrukturen und das Dienstleistungsumfeld, das Online-Händlern zur Verfügung steht und berichtet als unabhängiger Beobachter.

Dietmar Hölscher hat in den 90er-Jahren maßgeblich an der Entwicklung von DSL und WLL Netzen mitgewirkt. Er war einer der erfolgreichsten Internetprovider in Deutschland und widmete sich Anfang des neuen Jahrtausends dann im Auftrag der EU dem grenzüberschreitenden Breitbandinternet, dem RIPE und den europäischen Internet Exchanges.

Als Entwickler hat er bereits 1995 einen ersten einfachen „Internetshop" entworfen. Damals galten sich automatisch befüllende Formulare schon als ein solcher.

2005 fing er dann an, sein Hobby (Kochen) zu seinem Beruf zu machen, und gründete einen international sehr erfolgreichen Online-Shop für molekulare Küche. Dabei stieß er damals auf viele Hindernisse, die noch nicht für kleine Händler gelöst waren. Er entwickelte daraufhin eine eigene, auf einem Shopsystem basierende ERP- und Versandlösung, später auch ein vollwertiges No-Line-Commerce POS-System.

Schon damals beriet er führende Shopsysteme, Marktplatzbetreiber

[86] https://dcommerce.blog/

und Zahlungsanbieter mit seiner Consultingfirma firestarter.business. Dies ebnete ihm dann später den Weg in das Management der shopware AG, wo er den Bereich Business Development aufgebaut hat und sich für viele Produktinnovationen wie bepado, dem späteren shopware connect oder shopware easy, dem späteren shopware 6, verantwortlich zeigte.

Nach einem kurzen Ausflug als Partner von Adrian Hotz in die eCommerce Beratung fühlt er sich mittlerweile seit 2016 sehr wohl als RADICAL GROWTH EVANGELIST und Prokurist der NETFORMIC GmbH[87] – einer der führenden spryker, shopware und pimcore Agenturen in Europa. Netformic ist als der eCommerce Teil der Wild Deer Gruppe (>150 MA in Europa) ein wichtiger Verbund, der zusammen ganzheitliche Lösungen für große Hersteller und Händler aus dem B2B und B2C Markt in ganz Europa anbietet.

Dabei begleitet er neben der technischen Beratung, Implementation und Innovationsworkshops auch den agilen Wandel innerhalb der Gruppe und bei den Kunden.

Mit seiner Consultingfirma firestarter.business[88] hilft er seit 2008 nebenberuflich Unternehmen und Unternehmern/innen bei der digitalen Transformation mit Hilfestellungen zur Methodik z. B. mit der von ihm erfundenen C.L.U.B Methode, der Monte-Carlo-Simulation und verschiedenster kreativer Design Thinking Ansätzen diese zu meistern.

Er ist als Mitglied, Investor und stellvertretender Aufsichtsratsvorsitzender bei der coadvise eG[89], einem Verbund aus beratenden Unternehmern in Zusammenarbeit mit dem Gründungsmitglied Institut für Handelsforschung[90] aus Köln.

---

[87] https://netformic.com/

[88] https://firestarter.business/

[89] https://coadvise.de/

Zudem ist der als Unternehmens-Beirat in unterschiedlichen Branchen und Unternehmen wie z. B. der PAQATO GmbH[91] einem der führenden Gamechanger im Paketversand tätig.

Als Autor publiziert Dietmar Hölscher aktiv im Bereich der Digitalisierung seit 2013 in verschiedenen Fachbeiträgen, TV-Beiträgen, Blogartikeln und Büchern über die voranschreitende Digitalisierung und bietet mit seinen Beiträgen Hilfestellung in einer sich schnell verändernden Welt.

Autorenwebseite: https://dietmar-hoelscher.com/

Amazon Veröffentlichungsübersicht: https://amzn.to/2PXgX26

---

90 https://www.ifhkoeln.de/
91 https://www.paqato.com/

Dr. Kai Hudetz

Abbildung 7: Dr. Kai Hudetz

Dr. Kai Hudetz ist seit August 2009 Geschäftsführer des IFH KÖLN und E-Commerce-Experte der ersten Stunde. Nach dem Studium des Wirtschaftsingenieurwesens an der Universität Karlsruhe und einer Tätigkeit am Fraunhofer-Institut für Systemtechnik und Innovationsforschung wechselte er 1996 zum Institut für Handelsforschung an der Universität zu Köln. Im Juli 2000 wurde er an der Universität Köln zum Dr. rer. pol. promoviert. In seiner Dissertationsschrift beschäftigte er sich mit Prozessinnovationen im Großhandel, dargestellt an der Nutzung des Internets.

Bereits 1999 gründete er das heutige ECC KÖLN und hat seitdem nicht nur zahlreiche Studien zum E-Commerce verantwortet, sondern auch unzählige Unternehmen aus Handel und Industrie bei der kundenzentrierten Transformation von Geschäftsmodellen beraten. Über die Projekte hinaus war Kai von 2013 bis 2016 Aufsichtsrat der Intershop Communications AG und ist aktuell Mitglied verschiedener Beiräte.

Kai zeigt klare Kante in seinen Prognosen über den Handel der Zukunft und macht Unternehmen Mut, die Wünsche der Kunden im digitalen Zeitalter ernst zu nehmen. Kai ist als gefragter Speaker, Moderator und Autor auf hochkarätigen Branchenevents präsent.

Mario Herger, PhD

Abbildung 8: Mario Herger, PhD

Mario Herger lebt seit 2001 im Silicon Valley, forscht nach Technologietrends, schreibt Bücher dazu und berät Unternehmen zu Themen wie Innovation, Silicon Valley Mindset, Foresight Mindset, Automotive, Künstliche Intelligenz, Kreativität oder Intrapreneurship. Lange Jahre war ich bei SAP unter anderem als Entwicklungsleiter und Innovationsstratege beschäftigt.

Nun hilft er Unternehmen, wie sie den innovativen und entrepreneurischen Spirit aus dem Silicon Valley auf ihre Organisationen übertragen können, um innovativer zu werden und Trends und Tipping Points frühzeitig zu erkennen und sie mitzubestimmen.

Zu diesen Themen hält er Vorträge und Workshops zu Foresight Mindset, Künstliche Intelligenz, Innovation, Silicon Valley Mindset, Automotive, Kreativität und Intrapreneurship ab. Er beobachtet auch Signale zu aufkommenden Technologietrends und wie sie die Gesellschaft, Politik oder Beschäftigungssituation beeinflussen.

Er empfängt immer wieder Delegationen aus Europa im Silicon Valley und bringt sie in Kontakt mit den Leuten und Unternehmen dort.

Jasmin Leona Krieger

Abbildung 9: Jasmin Leona Krieger

Ich bin sehr erfreut, 1982 in West-Berlin geboren zu sein, denn dadurch habe ich das Glück ein sogenannter Xennial zu sein. Unsere Generation wurde zwischen 1977 und 1985 geboren, wir sind analog aufgewachsen, aber digital groß geworden. Und da ich zu Beginn der Digitalisierung quasi in der Pubertät steckte, ist mir gar nicht aufgefallen, wie sehr sich mein Leben verändert hat, da ja eh alles irgendwie komisch war. Ich bin fasziniert & dankbar über die Zeit, in die ich geboren wurde bei all den rasanten Veränderungen, die wir bisher erleben durften und noch erleben werden, spontan fallen mir ein: Mauerfall, erster Computer, Massentauglichkeit des Internets & Emails, erste Mobiltelefone, Gründung der EU & Währungsreform, Entwicklung des

Onlinehandels u. v. a. m.

Da ich schon immer sehr hands-on war, bin ich nach meinem Abitur sofort in meine erste Vollzeitbeschäftigung bei der NFL Europe (Berlin Thunder) als Assistenz der Geschäftsführung eingestiegen und habe parallel mein Vollzeitstudium BWL an der Freien Universität Berlin begonnen. Abgeschlossen habe ich mein Studium International Business & Management dann 2008 in Amsterdam, während ich parallel für eine Investmentbank tätig war und dort u. a. die Buchhaltung für Investmentfonds gemacht habe.

Als ich 2009 wieder nach Berlin kam, wurde ich bei PayPal als erste Frau im Vertrieb eingestellt und musste mich fortan in einer sehr männerdominierten Welt behaupten. In den fast 10 Jahren, in denen ich PayPal in Deutschland mit aufgebaut habe, konnte ich die Digitalisierung an vorderster Front mit vorantreiben und war am Ende für diverse Innovationen auch am Point-of-Sale verantwortlich.

People Management war in dieser Zeit eine große Leidenschaft und daher war es mir wichtig, mich als zertifizierter Coach (univ.) und psychologische Beraterin weiterzubilden. Nach einem Jahr des Lernens Mitte 2019-Mitte 2020 habe ich mich mit Balance Perspectives das erste Mal selbstständig gemacht. Mein Bestreben ist es, den dringend benötigten Wandel in unserer Welt voranzutreiben und Teil davon zu sein. Ich unterstütze hauptsächlich Unternehmen mit einer ökologischen, sozialen, gesundheitlichen und/oder pädagogischen Mission wie beispielsweise Kulson oder Fairsenden. Außerdem biete ich Einzelcoachings, psychologische Beratungen und Heilsitzungen an.

Seit Januar 2021 bin ich zusätzlich Gründerin und Geschäftsführerin der SISTA GmbH, gemeinsam mit meiner Geschäftspartnerin Jennifer Silze werden wir Weiblichkeit auf eine völlig neue Art erlebbar machen, Meditationen revolutionieren und dabei das zyklische Arbeiten hoffentlich so selbstverständlich machen wie das Wahlrecht von Frauen. Ich bin extrem dankbar, meinem Herzen folgen zu dürfen und Menschen mit meinem täglichen Tun helfen zu können.

Andreas Reuter

Abbildung 10: Andreas Reuter, CEO Schäfer Shop Group GmbH & Co.

Andreas Reuter, Jahrgang 1970, verfügt über eine nun mehr 20-jährige Fach- und Managementexpertise im Bereich B2B-Handel. Nach seiner Ausbildung zum Handelsfachwirt an der Industrie- und Handelskammer Hamburg begann der gebürtige Lübecker 2001 seine B2B-Karriere bei der Staples GmbH als Supply Chain Manager.

Dem Unternehmen blieb er über 10 Jahre treu und war dort unter anderem als Vertriebsdirektor und schließlich von 2010 an auch als Geschäftsführer tätig.

Im Jahr 2012 erfolgte der Wechsel zur SSI Schäfer Shop GmbH, einem der führenden Komplettausstatter für Gewerbe- und Privatkunden im Bereich Büro-, Lager- und Betriebseinrichtungen. Bei dem im rheinland-pfälzischen Betzdorf ansässigen Unternehmen verfolgt Andreas Reuter seither als Geschäftsführer und CEO die Mission, den nachhaltigen Erfolgs- und Wachstumskurs der vergangenen vier Jahrzehnte weiterhin fortzusetzen und das mittelständische Familie-nunternehmen in eine erfolgreiche Zukunft zu führen.

Dabei widmet sich der B2B-Experte insbesondere drei Kernthemen, die in seinen Augen für den Unternehmenserfolg unerlässlich sind.

An erster Stelle steht das Thema Kundenfokussierung. Nur wenn eine umfangreiche kundenzentrierte Strategie und Philosophie konsequent umgesetzt und gelebt wird, können Händler in den Augen von Andreas Reuter im hochkompetitiven Marktumfeld des B2B-Versandhandels dauerhaft bestehen. Wichtig dafür sind seiner Meinung nach neben einem konsistenten Omnichannel-Einkauf-serlebnis an allen Touchpoints auch eine verlässliche Supply Chain und Logistik sowie der sorgfältige Umfang mit Kundendaten und der persönliche Kontakt zum Kunden.

Punkt zwei stellt die Unternehmenskultur dar. Herr Reuter vertritt die Auffassung, dass Mitarbeiter ihre tägliche Arbeit mit Freude, Motivation und Zuversicht erledigen sollen. Dabei spielen die Wertschätzung der einzelnen Person, Transparenz und individuelle Weiterentwicklung ebenso tragende Rollen wie ein respektvoller Umgang und inhouse Trainingsprogramme.

Schließlich muss ein Unternehmen nachhaltig und profitabel wachsen. Entscheidend dafür ist laut dem CEO von Schäfer Shop heutzutage die Digitalisierung der Prozesse und die Marktbearbeitungsstrategie. Der Einsatz des verfügbaren Kapitals sollte immer in einer angemessenen Zeit einen Beitrag zur Gesamtprofitabilität des Unternehmens leisten.

Dr. Anna Weber und Dr. Jan Weischer

Abbildung 11: Dr. Anna Weber und Dr. Jan Weischer

Dr. Anna Weber

Dr. Anna Weber ist seit 2019 geschäftsführende Gesellschafterin bei der Baby- und Kinderfachmarktkette BabyOne und dort für die Bereiche Retail, Marketing, E-Commerce und Personal verantwortlich. Die Diplom-Kauffrau stieg 2017 in den elterlichen Familienbetrieb ein und übernahm zunächst das Business Development. Zuvor war die 39-jährige fünf Jahre als Projektmanagerin Leadership, Talent & Engagement beim Telekommunikationskonzern Vodafone tätig. Als zertifizierte, systemische Beraterin und Coach verfügt die Unternehmerin über langjährige Expertise in der Organisation-sentwicklung.

Den Grundstein ihrer Passion für Unternehmens- und Führungskultur legte Anna Weber in ihrem BWL-Studium in Köln und Mailand. Die Promotion über authentische Führung absolvierte sie im Anschluss an der Fernuniversität Hagen am Institut für Führung und Organisation. Im Rahmen ihrer dreijährigen Tätigkeit als wissenschaftliche Mitarbeiterin war sie Autorin von Fachpublikationen zu Authentizität von Führungskräften.

Dr. Jan Weischer

Dr. Jan-Willem Weischer ist seit 2019 geschäftsführender Gesellschafter bei der Baby- und Kinderfachmarkt-Kette BabyOne und dort für die Bereiche Einkauf, Finanzen, IT und Recht verantwortlich. Der Business Jurist stieg 2017 in den elterlichen Familienbetrieb ein und leitete dort zunächst die Rechtsabteilung.

Zuvor war der 37-jährige drei Jahre als Rechtsanwalt bei der internationalen Kanzlei KPMG Law tätig. Zu seinen Mandanten zählten Online-Händler, Softwarefirmen und Start-ups, die er zu Fragen rund um das Themengebiet „Intellectual Property“ sowie Urheber-, Marken-, Design- und Softwarerecht beriet. Seine berufliche Karriere startete Jan Weischer mit dem Studium der Rechtswissenschaften in Bonn. Den internationalen Fokus seiner Karriere legte er während seiner Tätigkeit beim Auswärtigen Amt in Berlin und in der Deutschen Botschaft in Montevideo/Uruguay.

Martin Groß-Albenhausen

Martin Groß-Albenhausen, geb. 1968, ist seit 2011 als stellvertretender Hauptgeschäftsführer im Bundesverband E-Commerce und Versandhandel u. a. für E-Commerce-Strategien, B2B, Aus-, Fort- und Weiterbildung sowie die internen Veranstaltungen des Verbands verantwortlich. Zuvor hatte er 13 Jahre lang in der FID Verlag GmbH (Verlagsgruppe Rentrop) die Aktivitäten der Branchenpublikation "Der Versandhausberater" geleitet und dort von 2000 bis 2011 als Chefredakteur mit dem "Deutschen Versandhandelskongress" die zeitweilig größte europäische Konferenz für E-Commerce und Distanzhandel aufgebaut.

Martin Groß-Albenhausen unterrichtet an der Digital Business

School “Strategien und Geschäftsmodelle im E-Commerce”. 2015 und 2018 wurde er vom Bundesinstitut für Berufsbildung in die Kommissionen zur Erarbeitung der Ausbildungsberufe “Kauffrau /Kaufmann im E-Commerce” bzw. “Fachwirt/in im E-Commerce” berufen. Er ist Mitglied der Prüfungsfragenausschüsse für beide Berufe sowie Mitglied des Prüfungsausschusses an der IHK Berlin, wo er auch Mitglied im Handelsausschuss ist.

Martin Groß-Albenhausen besitzt einen Magister-Abschluss der Georg-August-Universität Göttingen in Geschichte, Publizistik und Arabistik.

Jens H. Plath

Abbildung 12: Jens H. Plath

Jens H. Plath ist in der Geschäftsleitung von TWINT, der Bezahl-App der Schweiz, für Marketing und Privatkunden zuständig. Seine Erfahrungen im E-Commerce und Payment hat er unter anderem bei PayPal gesammelt, wo er von 2011 bis 2018 die Bereiche Partnerschaften im Ecosystem und P2P Zahlungen für den DACH Markt geleitet hat. Plath war Co-Founder verschiedener Start-ups und befasst sich in der Praxis bereits seit 1998 mit digitalen Marketing- und Vertriebskanälen.

Der studierte Diplom-Kaufmann hat außerdem einen Masterabschluss in digitaler Kommunikation. An den Universitäten in Münster, Berlin und St. Gallen untersuchte er unter anderem die Entwicklung von digitalen Geschäftsmodellen und schrieb über Omnichannel Commerce.

Der gebürtige Westfale lebte lange in Berlin und wohnt heute in Zürich. Er verbringt gern Zeit mit der Familie und beschäftigt sich mit elektronischer Musik.

Erik Meierhoff

Abbildung 13: Erik Meierhoff

Seit ca. 20 Jahren beschäftigt sich Erik mit digitalen, transaktionsbasierten B2B2C Geschäftsmodellen. Für Rakuten baute er den ersten Marktplatz in Deutschland auf und entwickelte das europäische Ökosystem aus Content, E-Commerce und Payment mit. Bei idealo verantwortete er die Händlerseite mit ca. 200.000 Händlern und 500M Produkten in Europa und etablierte den idealo Direktkauf als drittgrößten Marktplatz in DE. Für Volkswagen durfte Erik gleich an zwei Revolutionen in der Automobilindustrie mitwirken – dem Wandel vom Autohersteller zum Mobilitätsanbieter und vom Fokus auf Verbrenner- zu Elektrofahrzeugen. Er gestaltete das Agenturmodell für den ID.3 (und alle MEB Modelle) mit bis hin zur ersten Erprobung im Markt.

Aktuell ist Erik Geschäftsführer bei der S-Payment, dem Kompetenzcenter Payment der Sparkassen Finanzgruppe, und beschäftigt sich mit allem, was Payment betrifft – und das ist bei der größten Finanzgruppe Europas recht umfangreich: Auf der Issuer-Seite von Apple Pay über die Girocard und Giropay bis hin zum operativen Scheme Management mit Mastercard und Visa. Im Akzeptanzbereich die vielfältigen Acquiring, PSP und Händlerlösungen und sonstigen Kooperationen.

Außerdem engagiert Erik sich als Berater, Business Angel und Mentor bei ausgesuchten Start-ups, im Plattform- und Marktplatz-Umfeld.

Michael Lüken

Abbildung 14: Michael Lüken

Michael Lüken ist Diplom Wirtschaftsinformatiker, erfolgreicher Gründer und Geschäftsführer mehrerer Unternehmen im Bereich E-Commerce, Gesundheitswesen und Softwareentwicklung und lebt mit seiner Familie in der Nähe von Münster. Mit seinem Kern-Unternehmen PAQATO begeistert der 42 Jahre junge Unternehmer seit 5 Jahren Tausende E-Commerce Shops europaweit mit personalisierter und automatisierter Kommunikation auf der Paketreise. Das Tech-Start-Up PAQATO ermöglicht es E-Commerce Händlern bis zu 90 % ihrer Kunden während der Paketreise zum Wiederkauf in den Online-Shop zurückzuführen. Für diese Innovationsstärke wurde das erfolgreiche Software-Unternehmen im Jahr 2021 von Cancom, Microsoft und Intel mit dem ISV CLOUD ROCKET 2020 Award ausgezeichnet und findet bei Unternehmen wie OTTO, Peek & Cloppenburg und Thalia Einsatz. Vor seiner Zeit als E-Commerce-Experte und eCom-Visionär begleitete Michael Lüken Management-Positionen in führenden Unternehmen wie zeb/rolfes.schierenbeck.associates GmbH, ista International GmbH oder der Senger Holding GmbH.

Björn Jensen

Abbildung 15: Björn Jensen

Björn Jensen ist Jahrgang 1975 und lebt mit seiner Familie in Hamburg. Seit Anfang 2000 bewegt er sich in der agilen Szene. Als Entwickler kam er zu diesem Zeitpunkt in Kontakt mit eXtreme Programming und Pragmatic Programming. Später folgten Scrum und Kanban.

Björn ist zertifizierter Trainer (CST) und Coach (CAC) der ScrumAlliance. In diesem Kontext bildet er ScrumMaster, Product Owner, Entwickler und Führungspersonen aus und begleitet Unternehmen auf ihrer Reise in Richtung Agilität.

Erfahrungen konnte er in ganz unterschiedlichen Kontexten sammeln, sei es Kleinstunternehmen mit bis zu vier Mitarbeitern oder international verteilten Großkonzernen. Dabei ging es nicht immer um Software. Auch Nicht-IT-Bereiche wie NGOs und Bildungseinrichtungen, Agenturen, Automobilhersteller und -zulieferer sowie Unternehmen aus der Telekommunikationsindustrie zählen dazu.

2019 haben Björn und seine Frau Corina gemeinsam das Unternehmen “Jensen & Komplizen” gegründet, wo schon der Titel auf die Beziehungsebene hinweist, die zwischen Björn, Corina und dem Netzwerk an Verbündeten sowie den Kunden als “Partners in Crime” entstehen darf.

Sebastian Bluhm

Abbildung 16: Sebastian Bluhm

Sebastian Bluhm ist ein deutscher Unternehmer, Gründer und Investor, der sich dem Thema Arbeitgeberattraktivität verschrieben hat. Fachlich hat er die Abschlüsse als Master of Laws in Informationsrecht und Diplom Wirtschaftsjurist (FH) erworben.

Er ist Mitgründer der Profihost in Hannover und war dort fast 20 Jahre im Vorstand aktiv. Profihost gilt als Pionier im deutschen Cloudhosting im Bereich E-Commerce. Der IT-Fachkräftemangel war bei Profihost der Auslöser für eine radikale Transformation. Die Arbeitgeberattraktivität und Unternehmenskultur wurden in den Fokus gestellt. Das Ergebnis waren zahlreiche Unternehmerpreise und eine volle Bewerberwarteliste nach nur 12 Monaten.

Dieses Know-how floss in die EpicWork AG ein, die Unternehmen unterstützt bessere Arbeitgeber zu werden. Sebastian Bluhm ist zudem Autor eines Buches zum Thema Arbeitgeberattraktivität, spricht in einem Podcast über Disruption und Transformation und tritt gelegentlich bei Events als Speaker auf.

Timo Weltner

Abbildung 17: Timo Weltner

Timo Weltner verfügt über mehr als 15 Jahre Erfahrung im Aufbau digitaler Geschäftsmodelle als Gründer, Dienstleister und Berater. Das Thema E-Commerce und betriebswirtschaftlichen, wie technischen und prozessualen Themen sind ihm aus den unterschiedlichsten Rollen seiner langen Commerce-Vita Geläuf. Seit der Gründung von NETFORMIC[92] in 2002, seiner Rolle von 2004 bis 2010 als Head of IT von fahrrad.de/internetstores bis hin vielen Projekten (u. a. www.euronics.de, www.intersport.de) sammelte umfassende Erfahrung in der digitalen Transformation des

[92] https://netformic.com/

Einzelhandels.

Tobias Kaulfuß

Abbildung 18: Tobias Kaulfuß

Tobias Kaulfuß, geboren 1978, lebt und arbeitet im Ruhrgebiet. Er ist Gründer und Vorstandsvorsitzender der citadelle systems AG, einer deutschlandweit agierenden IT-Systemhaus Gruppe, sowie Geschäftsführender Gesellschafter der Rura Family Equity GmbH, einer Beratungs- und Beteiligungsgesellschaft. Neben dem Coaching von Firmeninhabern und Geschäftsführern bildet er Aufsichts- und Beiräte in Strategie, Technologie und Digitalisierung aus. Als Gutachter steht er Universitäten und Hochschulen bei der Konzeption zukunftsweisender Studiengänge in den Bereichen Digitalisierung, IT, Finanzen und Logistik zur Seite. Von 2014 bis 2018 war er Vorstands-vorsitzender und

Aufsichtsratsvorsitzender eines global agierenden eCommerce-Unternehmens und Software Resellers. Zuvor baute er einen Fulfillmentdienstleister mit internationalen Kunden im eCommerce auf. Weitere Stationen seiner Karriere sind die Leitung Supply Chain eines Pioniers der Green Economy sowie eine Consultant-Tätigkeit bei einer renommierten, globalen Strategieberatung. An den Universitäten Bochum, Berkeley und Hagen studiert, schloss er sein Studium als Diplom-Kaufmann ab. Später legte er noch einmal ein Jahr an der amerikanischen Kellogg School of Management ein und verließ diese als Master of Business Administration.

Roland Fesenmayr

Abbildung 19: Roland Fesenmayr

Die Welt von Handel und Vertrieb sind Roland Fesenmayr ebenso vertraut wie die Chancen und Herausforderungen der Digitalisierung. Seit nunmehr 17 Jahren verfolgt der Experte für E-Commerce die digitale Transformation und gestaltet sie als Vordenker leidenschaftlich mit – in vielfältigen Veröffentlichungen und durch ein Unternehmen: Die OXID eSales AG, die der Allgäuer heute als CEO führt und 2003 mitbegründet hat. 2021 ist das Freiburger Unternehmen einer der bedeutendsten Anbieter für Omnichannel E-Commerce-Lösungen und Services in Deutschland.

Interviewpartner

Die Interviewpartner sind in der Reihenfolge der in diesem Buch erscheinenden Interviews aufgelistet.

Boris Hedde

Boris Hedde ist Geschäftsführer des IFH Köln, Mitinitator der Initative „Die Stadt Retter“, Co-Founder der coadvise e.G. Berater-Genossenschaft sowie Gründer und Initator des VITAIL – Kompetenzzentrum für Handel und Vitale Innenstädte und greift auf eine mehr als 15 Jahre umfassende Erfahrung im Bereich Markt- und Kundenforschung bei Forschungsunternehmen zurück. Seine Schwerpunktthemen sind Perspektiven für die zukünftige Handelspraxis, Strukturwandel und Vitalisierung von Handelsstandorten. Als gefragter Referent ist er auch in unterschiedlichsten

Gremien und Beiräten von Ministerien, Verbänden und privaten Organisationen vertreten.

Marcus Diekmann

Marcus Diekmann ist Gesellschafter und Mitglied der Geschäftsführung bei ROSE Bikes. Der 42-Jährige ist seit 2005 als kaufmännischer Analyst, Stratege und kreativer Macher im digitalen Handel aktiv. Der disruptive Handelsexperte berät bis heute Unternehmen bei der digitalen Transformation. Vor seinem Wechsel zu Rose Bikes war Diekmann Chief Digital Officer des weltweit zweitgrößten Fahrradherstellers Accell Group und Director Digital, E-Commerce & Omni-Channel bei der Beter Bed Holding. Ehe Diekmann auf Unternehmensseite wechselte, war er langjährig in der Dienstleistung tätig. Er zählt zu den Mitgründern der Digital-Agentur Shopmacher und des Frontend-UX-Beratungsunternehmens KOMMERZ (heute Rose Digital). In der Corona-Krise gründete Diekmann gemeinsam mit führenden mittelständischen Handelsunternehmen die Pro-Bono-Initiative „Händler helfen Händlern“, die für vorbildliche Kooperationen rund um die Ausrichtung der Versorgungskette an Verbraucherbedürfnisse mit dem ECR Award 2020 ausgezeichnet wurde.

Frank Asmus

Frank Asmus, geb. 19.03.1965 ist Experte für Führungskommunikation und strategische Kommunikation – insbesondere auf der Bühne. Er ist der Keynote Coach für Vorstände, Geschäftsführer, Unternehmer und Professional Speaker. Frank Asmuns unterstützt führende Brands wie Apple, zahlreiche DAX-Unternehmen, viele Hidden Champions und erfolgreiche Start-ups.

Frank Asmus studierte Regie am berühmten Max-Reinhardt-Seminar, der Universität für Musik und darstellende Kunst in Wien (Mag. Art). Er war vier Jahre Schüler von Samy Molcho, laut Focus der „Guru für Körpersprache". Mit 26 Jahren inszenierte der junge Regisseur bereits „Hamlet" von William Shakespeare in Wien.

Frank Asmus spielte auch selbst, z. B. bei den Salzburger

Festspielen und bildete zehn Jahre lang Schauspieler in Berlin aus. Die gewonnenen Erkenntnisse und seine jahrelange Erfahrung als Regisseur sind das Fundament seiner heutigen Tätigkeit als Keynote Coach und als mitreißender „TOP 100 Excellent Speaker“ für Kommunikation.

Frank Asmus lehrt als Dozent seit 25 Jahren an Schulen und Universitäten; zurzeit als Kommunikationsexperte in einem Masterstudiengang an der Technischen Universität Berlin und als Dozent für „Professional Speaking“ bei der German Speakers Association (GSA). Die führenden Weiterbildungs-Einrichtungen in Deutschland sind seine Partner.

Frank Asmus ist als Experte für strategische Führungskommunikation der Spezialist für Keynotes von Vorständen, Geschäftsführern und Unternehmern. Er unterstützt zudem sehr erfolgreich Companys und Beratungsunternehmen bei wichtigen Pitches und gibt sein Wissen und seine spannenden Insights in eigenen inspirierenden Keynotes weiter.

Lars Jankowfsky

Lars Jankowfsky ist ein passionierter Nerd, Entrepreneur und Macher. Vom Softwareentwickler über CTO hin zum Gründer und CTO - seit über 30 Jahren in der IT und seit knapp 25 Jahren Entrepreneur. Herz und Hirn, Direkt, Offen und doch immer mit Respekt und Mitgefühl - das ist sein Motto.

Neben all den Fehlschlägen die im Leben eines Unternehmers ganz normal sind war die Gründung der OXID ESales AG eines seiner Highlights. Der Online Shop ist seine welt. Da Reisen und andere Länder schon immer seine Passion waren hat er im Anschluss die swoodoo AG mit gegründet welche er nach nur etwas mehr als drei Jahren erfolgreich an den Weltmarktführer KAYAK.COM verkaufte. Dort durfte er dann als Vice President Engineering das gesamte Team in den USA führen und konnte hautnah erleben mit welcher Passion MIT und Hardvard Absolventen in der Software Entwicklung unterwegs sind.

Stefan Hamann

Als Vorstand von Shopware glaubt Stefan Hamann fest an eine "Open Commerce"-Welt, in der Offenheit, Flexibilität und Erfahrung eine entscheidende Rolle spielen. Mit Shopware will er herausragende Shopping-Momente in jedermanns Leben bringen. Das erfordert die Fähigkeit, immer ein Ohr für die Bedürfnisse des Marktes, der Händler und der Kunden zu haben und mit der perfekten Verbindung von Technik, Bedienbarkeit und Innovation Lösungen zu schaffen, die nicht nur die Herausforderungen von heute, sondern auch zukünftige Herausforderungen im Blick haben.

Der 37-jährige hat die shopware AG im Jahr 2000, im Alter von 16 Jahren, gegründet und ist seitdem in der Geschäftsführung aktiv. Früher wie heute bestimmte er den strategischen Kurs der shopware AG und ist daneben für die technische Ausrichtung und Gesamtplanung verantwortlich. In der erfolgreichen Wachstumsgeschichte gab es mehrere Stationen, die besonders erwähnenswert sind. Dazu zählen unter anderem die Gründung der Aktiengesellschaft im Jahr 2008 und das Release der quelloffenen

Community Edition von Shopware.

Christian Herkel

Nach seinem Diplom am Karlsruher Institut für Technologie stieg Christian Herkel direkt bei der Softline AG AG ein wo er sich in 7 Jahren kontinuirlich bis zum VP Direct Sales & Marketing Empor gearbeitet hat.

Mit gleicher Beharrlichkeit und Kompetenz hat er darauf in 15 Jahren alle Bereiche der asknet Solutions AG, einem der führenden Anbieter für weltweite E-Commerce und Zahlungslösungen, für den Chefposten als CEO qualifiziert.

Abbildungsverzeichnis

Chance Digitalisierung

Fachbuch

Gerade jetzt in der Krise sollte auch die Letzten wachgerüttelt sein, auch diejenigen, die bisher nur langsam in die Gänge gekommen sind oder dem Thema Digitalisierung aus dem Weg gegangen sind, bekommen neue Konkurrenz. Daher heißt es jetzt für alle durchstarten. Ich hoffe, mit meinem Fachbuch dazu einen kleinen Beitrag leisten zu können. Es stellt eine Art Anleitung für digitale Transformation und digitaler Innovation dar.

ISBN 9798637902477 https://amzn.to/33rOqoE

Digitalisierung ist kein Projekt

Sachbuch

Vorhaben in unserer modernen Welt unterscheiden sich vor allem durch eine nicht mehr von einer Person erfassbaren Komplexität. Wir sehen dies bei gescheiterten digitalen Transformationsvorhaben wie bei der SAP-Einführung bei Lidl genauso wie beim Bau des Berliner Flughafens. Anhand vieler Beispiele zeigt Dietmar Hölscher auf, dass diese Vorhaben nicht mehr als Projekte per Definition behandelt werden können und wie man stattdessen diese Herausforderungen meistern kann.

ISBN 978-1693185465

https://amzn.to/3eweqWh

Printed in Poland
by Amazon Fulfillment
Poland Sp. z o.o., Wrocław
12 August 2021

a9763687-5eaf-45a8-af68-721ad3a8b6c7R01